Gerhard Weigle

Der Königsweg in die Arbeitswelt von morgen

Führungs-Qualität
und Informationstechnik

W. Mauke Söhne
gegründet 1796, Hamburg

Gesamtgestaltung: Aaron Schubert und Ralf Bacher, Hamburg
Schrift: Garamond (Berthold)
Druckerei: Dierk Heigener GmbH, Hamburg
Buchbinderei: Bernhard Gehring GmbH & Co KG, Bielefeld

Gesamt-Verantwortung für die Herstellung dieses Buches:
agk – Arbeitsgemeinschaft Kommunkation
der Hamburgischen Gesellschaft zur Beförderung der Künste
und nützlichen Gewerbe (Patriotische Gesellschaft von 1765)

CIP Kurztitelaufnahme der Deutschen Bibliothek
Weigle, Gerhard
Der Königsweg in die Arbeitswelt von morgen/
Führungsqualität und Informationstechnik
1. Auflage · Hamburg
W. Mauke Söhne, 1989
ISBN 3-923725-28-0

1. Auflage
© 1989 W. Mauke Söhne, Hamburg
Printed in Germany

Alle Rechte, auch die des Nachdruckes von Auszügen,
der photomechanischen Wiedergabe und der
Übersetzung vorbehalten.

Inhaltsverzeichnis

Vorwort 9

HERAUSFORDERUNGEN 13
Wertewandel 15
Individualisierung 17
Komplexität... 19
Internationalisierung 21

FÜHRUNGSSZENARIEN 23
Szenario X 25
Szenario Y 27

FÜHRUNGSTHESEN 33
Kontrolle ist gut, Vertrauen ist besser 35
Wer mit seiner Arbeit dem anderen dient,
    der wird gebraucht............................. 40
Auf die Bildung kommt es an 44
Konzentriere Deine Kräfte
    auf den wirkungsvollsten Punkt................ 46
Führen bedeutet Segeln 51
Entscheide besser ungefähr richtig,
    als genau falsch 53
Führe durch eigenes Vorbild....................... 57
Zusammenspiel 59

FÜHRUNGSKONZEPT 61
Führungsgrundsätze 63
Führungsinstrumente 64

QUALITÄT 73
Qualitäts-Denken 75
Qualitäts-Steuerungsteam 82
Qualitäts-Leiter 84
Qualitäts-Team 85
Qualitäts-Fahrplan 88

Nachwort 91

Anhang 93

Führungsliteratur 115

Vorwort

Die Informationstechnik hat viele Gesichter: ihr soziales wird alle anderen überstrahlen. Dadurch eröffnen sich uns schon heute vielfältige Chancen für die Gestaltung der Arbeitswelt von morgen.

Vorgesetzte, die ihre Lorbeerkränze bewundern, werden an Einfluß verlieren. Gefragt sind zukunftsorientierte Führungskräfte, die das unerschöpfliche Gestaltungspotential der Informationstechnik zu nutzen verstehen.

Es gibt keinen weiteren Industriezweig mit einer vergleichbaren strukturellen Wirkung auf die Arbeitswelt. So kommt es zu einer von Grund auf neuen Rollenverteilung zwischen Mensch und Maschine.

Die Maschinen werden künstlich immer intelligenter, sie werden Informationsmaschinen, die immer mehr Menschenarbeitskraft ersetzen. In gleichem Maße wird die Entfaltung der menschlichen Kräfte möglich. Sie werden als weiche Faktoren zur wichtigsten Ressource auf jeder Organisationsebene.

Der Unternehmenserfolg wird erreicht durch ganzheitliches, ressortüberspannendes Denken in Geschäftsprozessen und Arbeiten in aufgabenbezogenen Gruppen, die sich, orientiert an vereinbarten Zielen, selbst kontrollieren. Die Zukunftsstrategien erfüllen sich in gelebter Kundennähe durch motivierte Mitarbeiter in einer innovationsfreundlichen Organisation: Qualitätsmanagement wird zu einem ganzheitlichen Führungsthema.

Qualitätsmanagement wird sich in Unternehmen aller Branchen, später sogar bei Behörden, durchsetzen.

Qualitätsmanagement wird gleichbedeutend mit einer Art kapitalistischer Perestroika. Diese Umgestaltung entspringt dem dynamischen Zusammenspiel zwischen Unternehmensorganisation, Informationsmanagement und der Qualität von Führung und Zusammenarbeit.

Jedes dieser drei vernetzten Teilsysteme wirkt wie eine kybernetische Transformation auf das andere ein. Wird nur ein Teilsystem schwach, kann es das gesamte Unternehmen gefährden.

Die meisten Fehler könnten wir uns in der Unternehmensorganisation leisten, weitaus weniger im Informationsmanagement, eigentlich keine in der Führung und Zusammenarbeit. Trotzdem konzentrieren wir häufig genug unsere Kräfte zur Verbesserung der Situation in der genannten Reihenfolge: also auf Felder, die uns eigentlich die meisten Fehler gestatten würden. In Zukunft müssen wir aber unsere tradierten Prioritäten nicht nur umkehren, sondern sogar gleichzeitig im Auge behalten: das wird unsere Führungsverantwortung.

Was aber heißt Führen? – Mit Walter Böckmann möchte ich Führen von Leiten unterscheiden. Böckmann definiert Leiten als »Steuerung von Sachabläufen«, Führen dagegen als »Steuerung von sozialem Handeln, Schaffen von optimalen Motivationsbedingungen und Steuern von Zusammenarbeit«. Leiten ist also zweckorientiert, Führen dagegen sinnorientiert. Führen in diesem Sinne ist schwieriger geworden und erfordert ein verändertes Bewußtsein.

Mit diesem Buch möchte ich dazu einen Beitrag leisten. Es basiert auf meinen persönlichen Erfahrungen mit einem der interessantesten Führungssysteme der Welt, bereichert um eigene Erkenntnisse in der Führungsberatung deutscher Unternehmen und der kritischen

Auseinandersetzung mit moderner Führungsliteratur.

Der Resonanzwille des Lesers wird nun darüber entscheiden, was diese Denkanstöße für ihn bedeuten. Fallbeispiele wird er nicht finden, weil ich es überzeugender finde, wenn der Leser die selbst erlebten zwischen den Zeilen aufspürt.

Ich schrieb für jeden, der sich für die Gestaltung der Arbeitswelt von morgen interessiert, insbesondere für diejenigen, die dafür die Verantwortung tragen: Unternehmer, Führungskräfte, Betriebsräte, Gewerkschaften, Spitzenverbände, Politiker.

Mein Sohn Christoph hatte den Gedanken, dieses Buch einer Idee zu widmen: dem Neuen Denken.

G. W.

Herausforderungen

Führungskräfte müssen sich in einem ständigen Veränderungsprozeß in Wirtschaft und Gesellschaft immer wieder neu bewähren und vielen Herausforderungen stellen.

Vier davon halte ich für trendbestimmend: Wertewandel, Individualisierung, Komplexität und Internationalisierung. Sie wirken wie Zentrifugalkräfte, die mehr durch Führungskunst und weniger mit Führungstechniken im dynamischen Gleichgewicht gehalten werden können.

Wertewandel

Der Wertewandel in der Gesellschaft zeigt sich in einem höheren Anspruchsniveau, im Streben nach Lebensqualität.

Postmaterialistische Bedürfnisse gewinnen an Bedeutung. Es geht um die Befriedigung geistiger und seelischer Ansprüche: Die Schwerpunkte verschieben sich im Lebenssinn vom Leisten zum Genießen, von der Disziplinierung zur Selbstentfaltung.

Dies führt zur Distanzierung in der Arbeitswelt, welche Lutz von Rosenstiel mit »freizeitorientierter Schonhaltung« bezeichnet.

Aber gehören zu den zutiefst menschlichen Werten nicht auch die Bedürfnisse, persönliche Wertvorstellungen zu verwirklichen, Identifikationsmöglichkeiten zu ergreifen, eigene Ideen umzusetzen, Einfluß zu nehmen, gefragt zu sein, anerkannt zu werden, in einer Gruppe Ziele gemeinsam zu erreichen, Erfolgserlebnisse zu genießen, Entfaltungsräume zur Selbstbewährung zu finden, Neues kennen zu lernen, Verantwortung zu meistern und zwischenmenschliche Kommunikation zu erleben?

Wäre das nicht eine willkommene Herausforderung an alle Führungskräfte zur Gestaltung von Berufslebensqualität? Viele haben damit begonnen, das Pendel schwingt zurück: vom Freizeitdrang zum Gestaltungsdrang in der Arbeitswelt. Die zunehmende Neigung, die Arbeitszeitverkürzung in Weiterbildung zu investieren, ist eines von vielen Anzeichen dafür.

Wer sagt denn, daß ausschließlich Freizeitorientierte genießen können?

Carl Friedrich Gauß hat völlig recht: *Es ist nicht das Wissen, sondern das Lernen, nicht das Besitzen, sondern das Erwerben, nicht das Da-Sein, sondern das Hinkommen, was den größten Genuß gewährt.*

So werden wir neben den Freizeitorientierten, für die Arbeit einfach nur Job ist, mehr und mehr die neuen Leistungsorientierten erleben, denen Arbeit Spaß macht.

Individualisierung

Der mit dem Wertewandel verbundene Trend zur Individualisierung unserer Gesellschaft fordert die Führungskräfte zum Neuen Denken heraus. Diese Entwicklung vollzieht sich offenbar gesellschaftssystemübergreifend. So war ich überrascht, bei Michail Gorbatschow zu lesen: *Zuallererst müssen wir eine Atmosphäre schaffen, die unsere Bemühungen unterstützt und den einzelnen zur aktiven und verantwortungsvollen Mitarbeit ermutigt... Der einzelne muß wissen und spüren, daß sein Beitrag gebraucht wird, daß seine Würde nicht verletzt wird und daß er mit Vertrauen und Respekt behandelt wird. Wenn er das alles erkennt, ist er zu großen Leistungen fähig... Wenn private Interessen jedoch übergangen werden, können unsere Anstrengungen nicht fruchten, und die Gesellschaft wird mit Sicherheit verlieren. Aus diesem Grunde ist es dringend erforderlich, einen Interessensausgleich herzustellen... Uns war bewußt, daß wir bei der Änderung unserer Denkweise und Mentalität, der Organisation, des Stils und der Arbeitsmethoden beginnen mußten, und zwar vor allem bei Leuten in gehobenen Positionen.*

In der Tat: Die Führenden müssen mehr Gespür für das Individuum entwickeln. Jeder Mensch ist einzigartig und hat persönliche Bedürfnisse, Erwartungen und Zielvorstellungen. Wenn es gelingt, diese in Übereinstimmung mit den Unternehmensanforderungen zu bringen, als Teil des Ganzen deutlich zu machen, daraus gemeinsam getragene Ziele zu vereinbaren, werden wir erleben, wie Motivation, Selbstdisziplin und Selbstkontrolle wachsen.

Mündige Staatsbürger wollen auch mündige Mitarbeiter sein. Die Leistungsbereitschaft steigt in dem Maße, wie die individuellen Anforderungen erfüllt werden. Die Akzeptanz von Zielen, Methoden und auch Persönlichkeiten erfolgt immer weniger nach kollektiven und immer mehr nach individuellen Wertmaßstäben.

Typischerweise werden Selbstbewußtsein, Informationsbedarf und der Wille zur Mitgestaltung und Mitverantwortung der Mitarbeiter größer. Dieser Trend zur Individualisierung wird noch verstärkt durch die zunehmende Akademisierung der Arbeitswelt.

Abteilungs- und Parteiräson, Fraktionszwänge – wie auch immer abgefedert – müssen als Mittel der Willensbildung wirklich überdacht werden.

Komplexität

Die wachsende Komplexität in der Arbeitswelt stellt immer höhere Anforderungen an das Verhaltens- und Entscheidungsniveau auf allen Führungsebenen.

Die Unternehmenswirklichkeit wird mehr und mehr einem vernetzten, mehrdimensionalen, offenen System vergleichbar, mit vielfältigen, wechselseitigen Verknüpfungen, deren Wirkungsweisen nicht mehr durch sogenannte lineare Ursache-Wirkungs-Ketten bestimmt werden können.

Deshalb werden diejenigen Unternehmen sich durchsetzen, die eher einem biologischen Organismus gleichen, als einer paramilitärischen pyramidalen Organisation.

Frederic Vester bringt das Aufbauprinzip biologischer Organismen auf den Punkt: *So ist es ein auffallendes Merkmal biologischer Einheiten, selbst der kleinsten Zelle, daß sie nie in der Methode, im Fach spezialisiert sind, sondern immer im Thema, in der Aufgabe.*

Eine Teilaufgabe ist dabei immer, bei Veränderungen in den Lebensbedingungen, die Überlebensfähigkeit zu sichern.

Zu dem Aufbauprinzip von Organismen gehört ferner nach Fritjof Capra: *...daß sie Strukturen auf mehreren Ebenen bilden, wobei jede Ebene aus Untersystemen besteht, die in Bezug auf ihre Teile Ganzheiten sind und Teile in Bezug auf die größeren Ganzheiten.* Anschaulich könnte das zum Beispiel heißen: Jedes Atom möchte zu 80 Prozent Atom und zu 20 Prozent Molekül sein; jedes Molekül möchte zu 80 Prozent Molekül und zu 20 Prozent Organelle sein und so weiter. Die Relationen mögen sich im

Rahmen des Gleichgewichts durchaus verschieben. Übertragen auf unsere Arbeitswelt hätte dies erhebliche Konsequenzen auf die Unternehmensorganisation, weil die Organisationseinheiten zumeist fachlich spezialisiert sind, deren Autonomiebedürfnis zu stark, das Integrationsbedürfnis zu schwach ausgeprägt ist.

Arthur Koestlers »Holone«, die Fritjof Capra in seinem Buch »Wendezeit« erwähnt, könnten uns weiterhelfen. Es sind Systemeinheiten mit der Charakteristik: *Eine integrierende Tendenz möchte als Teil des größeren Ganzen fungieren, während eine Tendenz zur Selbstbehauptung die individuelle Autonomie zu bewahren strebt.*

Somit wären aufgaben- oder themenorientierte Holonen als Aufbauprinzip für Unternehmen eine Idee, wenn deterministische Verfahren beginnen, ihre Dienste zu versagen. Wir müssen die strenge Organisation in eine fließende bringen. Die besonderen Herausforderungen an die Führungskräfte liegen dann nicht mehr so sehr im analytisch-methodischen Denken und Handeln, sondern in ihrem unternehmerischen Gespür und in ihren Fähigkeiten im Umgang mit Menschen.

Internationalisierung

Die Internationalisierung der Volkswirtschaften verschärft ständig den Wettbewerb und erfordert globales Denken. Die Reaktionsgeschwindigkeit im Markt ist inzwischen so hoch, daß nationale Testmärkte Vorsprünge verschenken würden. Im Kern geht es um die Präsenz im Marktdreiklang Europäische Gemeinschaft, USA und Japan/Korea. Hier wurde in den 60er Jahren der Wettbewerb unter den Großunternehmen ausgetragen, in den 70er Jahren kam der Kampf der mittelständischen Unternehmen untereinander hinzu und in den 80er Jahren errangen sogar viele mittelständische Unternehmen Wettbewerbsvorteile gegenüber Großunternehmen.

In den 90er Jahren werden die mittelständischen Unternehmen eine Schlüsselrolle übernehmen, speziell auch bei der Gestaltung des europäischen Binnenmarktes, weil das Management in diesen Firmen zunehmend professionell arbeitet, ohne vom unternehmerischen Wagemut zu verlieren.

Diese Unternehmen können auf Marktveränderungen einfach schneller reagieren. Das müssen sie auch, seit Märkte immer weniger durch Anbieter und immer mehr durch die Abnehmer von Waren und Dienstleistungen gemacht werden: durch die Kunden.

Führungsszenarien

In jedem Unternehmen hängt die Wirkung der Informationstechnik entscheidend von der gelebten Führungspraxis ab.

Um dies zu verdeutlichen, werde ich – inspiriert von Mc Gregors Theorie X und Theorie Y – zwei sehr unterschiedliche Führungsszenarien schildern.

Im Szenario X wird normativ, ideologisch, direktiv geführt, es herrscht ein mechanistisches Führungssystem. Die Informationstechnik wird auf alte Strukturen draufgesattelt und ist Sache der Experten.

Im Szenario Y wird argumentativ, dialogisch, kommunikativ geführt, es wird ein kybernetisches Führungssystem praktiziert: Informationstechnik wirkt dynamisierend auf die Organisation und ist Sache aller Führungskräfte und Mitarbeiter.

Keines dieser Szenarien existiert real in Reinkultur: weder in Osteuropa noch in der westlichen Welt, weder in der katholischen Kirche noch in Großfirmen wie zum Beispiel IBM, die Joschka Fischer eine »Industriekirche« nennt, wie Harald Grosser in seinem Buch »Mutmaßungen über Manager« schreibt. Immer gibt es Mischformen. Es kommt aber darauf an, beim Einsatz der Informationstechnik jede Chance zu nutzen, den Y-Trend zu verstärken.

Szenario X

Die Informationsexperten entwickeln methodisch logisch durchdachte Informationssysteme. Im Vordergrund stehen Funktion, Verfügbarkeit, Antwortzeit und das Ziel, an jedem Mitarbeiterplatz einen Bildschirm mit Zugriff zu allen erforderlichen Informationen installiert zu haben.

Die künftigen Bildschirminhaber wirken an der Konzeption nicht mit. Sie sind später überrascht von den Informationszugriffsmöglichkeiten und zugleich hilflos, denn sie haben das Entscheiden nicht gelernt. Sie rufen nach ihren Chefs. Die Chefs können ihre Entscheidungen nicht mehr mit dem Hinweis auf noch fehlende Informationen verzögern. Sie zögern dennoch, weil sie sich vor ihren Vorgesetzten fürchten, die ihrerseits über die gleichen Informationen verfügen und daher in der Lage wären, die getroffenen Entscheidungen zu bewerten.

Die unteren Führungsebenen sind verunsichert, sie können auf Grund der neuen Informationstransparenz nicht mehr durch »gezielte« Informationsweitergabe die Entscheidungen der Spitze manipulieren. Mechanistisches Denken in der Spitze führt über die Gemeinkostenwertanalyse zu automatisierten Verfahren, zur qualitativen Abwertung vieler Arbeitsinhalte und dann zu Personalfreisetzungen.

Die Stimmung sinkt, die Besten verlassen das Unternehmen freiwillig als erste.

Die verbleibenden Mitarbeiter erhalten mehr und mehr Einzelaufgaben. Zur fachlichen Abwicklung ihrer Arbeit benötigen sie kaum noch persönlichen Kontakt zu anderen. Die zwischenmenschlichen Beziehungen frieren ein. Der sichtbare Arbeitserfolg fehlt und damit das Gefühl, etwas geleistet zu haben.

Quantitatives Denken der Vorgesetzten führt zum Forcieren des Arbeitstempos, sie konzentrieren sich auf die Anzahl erledigter Vorgänge, nicht auf deren Qualität. Deshalb werden Fehler im jeweiligen Arbeitsschritt durch die Mitarbeiter nicht behoben, Ideen für arbeitszeitsparende Methoden nicht mehr kommuniziert. Die Mitarbeiter gehen immer weniger Risiken ein: allerdings erproben sie ihr Können im Überlisten des Kontrollsystems.

Das Arbeitsklima wird härter, man fühlt sich zunehmend überwacht, weil die Chefs ihre Kontrollverfahren immer mehr verfeinern.

Dazu wachsen überproportional zentrale Stäbe. Diese überbewerten Zahlen und unterbewerten sich bietende Chancen. Sie halten ihre numerischen Meisterstücke für die Wirklichkeit, erst recht, seit sie mit Hilfe von Personal-Computern farbige Grafiken darstellen können. Niemand übernimmt Verantwortung. Im Gegenteil: Die Stabsleute entwickeln sich zu virtuosen Absicherungsstrategen und vervollkommnen ständig ihre Überlebensstrategien. Individuelle Verantwortungsbereitschaft geht auf in Kollektivverantwortung anonymer Großgruppen.

Windschnittige Funktionäre übernehmen das Zepter und halten sich streng an die Mikadomaxime: Wer sich zuerst bewegt, scheidet aus!

Darin werden sie alle gleich, und niemand hat dies treffender beklagt als Anatole France:
Es ist ein Jammer, die Menschen werden als Originale geboren und sterben als Kopien.

Szenario Y

Die Mitarbeiter wirken an der Veränderung ihrer Arbeitswelt selbst mit. Die Informationstechnik wird nicht als Herrschaftsinstrument eingesetzt, sondern die Informationsexperten verstehen sich als Dienstleister. Sie betrachten ihre Anwender als Kunden und erfüllen gern die gemeinsam vereinbarten Anforderungen.

Ein aktives, großzügig ausgestattetes Benutzerberatungszentrum sorgt kurzfristig für Problemlösungen. Die Benutzer-Informationsverarbeitung erhält Vorrang.

Die Unternehmensangehörigen begrüßen die Informationstechnik als Befreierin von geistig monotoner Arbeit im Büro, sowie von körperlich schwerer und schmutziger Arbeit in der Produktion.

Sie werden umfassend ausgebildet, erhalten gemeinsam entwickelte, entscheidungsunterstützende Systeme und einen größeren Entscheidungsspielraum. Sie erledigen selbständig und eigenverantwortlich zusammenhängende Aufgaben, die sie in jährlichen Mitarbeitergesprächen und regelmäßigen Abstimm-Meetings übernehmen.

Die Informationstechnik bringt mehr Informationstransparenz, mehr Klarheit und Wahrheit. Alle gehen von denselben Daten aus, um sie zu individuellen Informationen zu transformieren. Eine »neue Ehrlichkeit« kann sich auf der Basis von Offenheit und Vertrauen entwickeln.

Neue interessante Arbeitsplätze entstehen auf operativen und strategischen Feldern. Die Mitarbeiter und Führungskräfte akzeptieren die neuen Anforderungen und nutzen das organisatorische Gestaltungspotential, das die Informationstechnik bietet.

Die Leistungsbereitschaft wächst, die höhere Qualität der Arbeit wird als eigentliche Humanisierung der Arbeitswelt empfunden.

Es gibt nach wie vor eine Hierarchie. Aber nicht als »Ordnung der Heiligen«, sondern als »heilige Ordnung«, die am besten mit Peter Drucker als »informationsorientierte Organisation« beschrieben wird.

Die Pyramide ist so flach wie möglich. Man braucht nicht mehr so viele Hierarchiestufen als Sammel- und Transportstationen für Informationen. Die neue Kommunikationsspanne kann vier bis fünf mal größer als die frühere Kontrollspanne sein.

Die Ressortmitglieder entwickeln ein starkes Bedürfnis, mit anderen Ressorts auf herausfordernden Aufgabenfeldern gemeinsam zu arbeiten.

Ein offener Kommunikationsprozeß verbindet Mitarbeiter wie Führungskräfte vertikal, horizontal, bereichs- und funktionsübergreifend. Ressorts gelten nicht mehr als geschützte Kompetenzgehege, sondern werden zu Initiativwiesen, zu Initiativfeldern.

Praktische Vernunft und gesunder Menschenverstand gewinnen Vorrang vor System und Zahlen. Die starre Organisationspyramide erweitert sich zu einem Polyeder mit innerer Fischnetzstruktur: sie entwickelt sich zu einem Organisationsdiamanten.

Die Unternehmensleitung wird als »Netzschrittmacher« zum Impulsgeber dieses Kommunikationsgebildes. Sie zieht nicht mehr die Entscheidungen an sich, sondern sorgt für Entscheidungsprozesse.

In einer solchen Organisation verblaßt der Wunsch nach einer möglichst hohen Position. Stattdessen wächst das Bedürfnis, auf das Unternehmensgeschehen einen möglichst großen Einfluß zu nehmen. Hier hat nun jeder eine Chance, wenn er zur Fachkompetenz Sozialkompetenz entwickelt: besondere Fähigkeiten zur Kommunikation mit Menschen.

Aus »Pyramidenkletterern« werden »soziale Architekten« mit Unternehmergeist, Verantwortungsbereitschaft und Qualitätsbewußtsein: Architekten einer humanen Arbeitswelt.

Eine klare Informationsinfrastruktur mit einem sauberen Daten-Management bildet das Unternehmensgerüst. Transparente und vereinbarte Ziel- und Selbstkontrollprozesse sorgen für eine dynamische Verantwortungsordnung. In diesem Szenario Y gibt es kaum noch zentrale Stäbe. Sie sind durch einen kundenorientierten Dezentralisierungsprozeß vor Ort integriert worden. Strategische und operative Aufgaben liegen in einer Hand.

Als zentrale Aufgaben verbleiben das Verdeutlichen einer gesamtunternehmerischen Vision, Qualitätsprozeßsteuerung, Personalentwicklung speziell von Führungsnachwuchs, Informationsmanagementberatung, verbale und visuelle Kommunikation, Finanzmanagement und Rechtsberatung.

Das Ordnungsprinzip für den Dezentralisationsprozeß heißt: zentral vereinbarte dezentrale Freiheit.

Die Beschränkungen des »Entweder-oder« sind aufgehoben, es gilt das »Sowohl-als-auch«. In diesem Führungsszenario geht es um Hierarchie UND Vernetzung, um Individuum UND Gruppe, um Mitbestimmen UND Mitverantworten, um Kontinuität UND Veränderung, um Ordnung UND Flexibilität, um Selbstkontrolle UND Kreativität, um Leistung UND Menschlichkeit:

Es geht um ein Szenario, in dem sich Effizienz- UND Humanitätsanforderungen gegenseitig bedingen.

Ist das eine Utopie? Nein, es ist trotz eines wohl immer noch verbleibenden Restes von Inhumanität eine realistische Vision, in der für den einzelnen gelten kann, was Johann Wolfgang von Goethe Weislingen zu Götz von Berlichingen sagen läßt:
So gewiß ist der allein glücklich und groß, der weder zu herrschen noch zu gehorchen braucht, um etwas zu sein.

Führungsthesen

Mechanistische, geschlossene Führungssysteme werden auf Perfektion, auf Hochleistung getrimmt. Sie sterben im Leistungsgipfel, weil die Prozeduren und Verhaltensvorschriften, die zuerst geändert werden müßten, besonders intensiv befolgt werden. Den Ausweg aus einer solchen Endzeitstimmung zeigen vernetzte, lernende, also kybernetische Führungssysteme. Es geht um die Verstärkung des Y-Trends. Was das konkret für die Führenden bedeutet, sollen sieben Führungsthesen zeigen. Sie konzentrieren das Führen auf den Umgang mit Menschen.

THESE EINS
Kontrolle ist gut, Vertrauen ist besser

THESE ZWEI
Wer mit seiner Arbeit dem anderen dient,
der wird gebraucht

THESE DREI
Auf die Bildung kommt es an

THESE VIER
Konzentriere Deine Kräfte
auf den wirkungsvollsten Punkt

THESE FÜNF
Führen bedeutet Segeln

THESE SECHS
Entscheide besser ungefähr richtig,
als genau falsch

THESE SIEBEN
Führe durch eigenes Vorbild

Kontrolle ist gut,
Vertrauen ist besser

In Grenzsituationen geht es den Führenden ähnlich wie fliegenden Artisten in einer Zirkuskuppel.

Wie einsam mögen sie sich wohl dann fühlen, wenn es auf sie ganz allein ankommt. Sie wissen, die technischen Voraussetzungen sind überprüft: Kontrolle ist gut. Aber Spitzenleistungen gelingen ihnen erst im festen Vertrauen auf den Partner, daß dieser von sich aus im entscheidenden Augenblick richtig reagiert, richtig zugreift: Vertrauen ist besser.

Aber nicht nur in Grenzsituationen. Vertrauensbeziehungen zwischen den Menschen in Wirtschaft und Politik werden mehr und mehr Bestandteil des Neuen Denkens.

Nur wer bereit ist, Vertrauen zu erweisen, hat die Chance, Vertrauen zu erwerben. Vertrauen erzeugt Vertrauen. Und ohne Vertrauen werden wir der Vielfalt aller Führungsanforderungen in Zukunft nicht mehr gerecht werden können.

Von Niklas Luhmann erfahren wir: ..., *daß es beim Vertrauen um Reduktion von Komplexität geht und zwar speziell um jene Komplexität, die durch die Freiheit des anderen Menschen in die Welt kommt...* und zwar in dem Sinne, *...daß andere Menschen zu jedem beliebigen Zeitpunkt sehr verschiedene Handlungen frei wählen können...*

Vertrauen reduziert soziale Komplexität, vereinfacht also die Lebensführung durch Übernahme eines Risikos. ... Einer vertraut dem anderen vorläufig, daß er unübersichtliche Lagen erfolgreich meistern wird, also Komplexität reduziert, und der andere hat auf Grund solchen Vertrauens größere Chancen, tatsächlich erfolgreich zu sein. ... Die Vertrauensperson genießt einen gewissen Kredit, in dessen Rahmen auch ungünstige Erfahrungen zurecht interpretiert oder absorbiert werden können.

... Vertrauen wird, weil die Wirklichkeit für eine reale Kontrolle zu komplex ist, mit Hilfe symbolischer Implikationen kontrolliert, ... Für die Funktionsweise dieser symbolischen Kontrolle ist es im übrigen bezeichnend, daß sie undiskutiert und im Unbestimmten abläuft. ... Denn es widerspricht der Funktion und dem Stil des Vertrauens, detaillierte Beweise zu fordern oder anzubieten. ... Vertrauen bleibt ein Wagnis. ... Der Vertrauende entlastet sich durch sein Vertrauen von Komplexität, die er nicht tragen kann. Wer sein Vertrauen mißbrauchen will, muß seinerseits diese Komplexität übernehmen. Er muß so komplexe Verhaltensanforderungen auf sich laden, muß eine sehr weitreichende Beherrschung der relevanten Informationen und eine lückenlose Kontrolle der dem Vertrauenden zugänglichen Nachrichten sicherstellen, so daß er selbst Gefahr läuft, unter dem Druck der Komplexität zusammenzubrechen. ... Solches Übermaß an Komplexität überfordert aber den Menschen und macht ihn handlungsunfähig. Wer nicht vertraut, muß daher, um überhaupt eine praktisch sinnvolle Situation definieren zu können, auf funktional äquivalente Strategien der Reduktion von Komplexität zurückgreifen. Er muß seine Erwartungen ins Negative zuspitzen, muß in bestimmten Hinsichten mißtrauisch werden. Diese negativen Strategien geben dem Mißtrauen jenes emotional gespannte, oft krampfhafte Naturell, das es vom Vertrauen unterscheidet. ... Negativerwartungen sind für Mißtrauen zu komplex, weil sie weniger ausschließen. Entsprechend schwieriger und belastender sind hier Mißtrauensstrategien. Sie absorbieren die Kräfte dessen, der mißtraut, nicht selten in einem Maße, das

wenig Raum läßt für unvoreingenommene, objektive Umwelterforschung und Anpassung, also auch weniger Möglichkeiten des Lernens bietet. Vertrauen ist demgegenüber psychologisch der leichtere Weg, und starke Motive eine Beziehung mit Vertrauen zu beginnen, haben hier ihren Grund.

Dies wird in Verhandlungssituationen besonders deutlich: Wer seinem Gesprächspartner mißtraut, hört nur halb auf die Sache. Halb ist er darauf konzentriert, zwischen-die-Sätze-zu-hören. Seine Katastrophenerwartungen blockieren ihn. Umgekehrt: Wer vertraut, kann sich ganz auf die Sache konzentrieren, denkt gleich mit, hat bereits Ansätze für Lösungen oder Verbesserungen im Kopf. Vertrauen macht ihn kreativ, öffnet ihn. Entsprechend stellte R. H. Guest fest, wie Niklas Luhmann in seinem Buch »Vertrauen« zitiert: *... daß mit der Verbesserung des Vertrauensklimas eines Betriebes auch die Initiativen von unten zunahmen.*

Vertrauen wird die tragende Basis auch für notwendige Kontrollen und führt im Reifestadium zur informationstechnisch gestützten Selbstkontrolle der Gruppen. Ohne Vertrauen werden auch die feinsten Kontrollsysteme notfalls durch »kreative Buchhaltung« korrumpiert.

Trotzdem ist die Umkehrung der von mir formulierten These den meisten Menschen mehr bewußt: Vertrauen ist gut, Kontrolle ist besser. Wahrscheinlich, weil diese These viel von Lenin zitiert wurde. Allerdings heißt die wörtliche Übersetzung: *Vertrauen ist gut, aber es muß verifiziert werden.* Jetzt ist der Unterschied gar nicht mehr so groß, wenngleich er sich durch ein unterschiedliches Menschenbild ergibt. Zu Beginn dieses Jahrhunderts war die vorherrschende Meinung, die meisten Menschen hätten eine angeborene Abneigung zur

Arbeit, sie müßten dazu gezwungen, deshalb kontrolliert und gegebenenfalls bestraft werden.

Angst vor Strafe als Motivator zur Leistung? – Im Agrarzeitalter war es wohl so. Die »Mistgabel« war das Motivationssymbol. Im Industriezeitalter wurde der materielle Anreiz Hauptmotivator zur Leistung, die »Mohrrübe« zum Motivationssymbol. Im Informationszeitalter wird die Sinnerfahrung Hauptmotivator und der »Teamgeist« zum Motivationssymbol.

Im Zuge der Zeit verlieren die jeweils früheren Motivatoren an Wirkung, jedoch nur in dem Maße, wie sich die Unternehmenskultur entwickelt. Hier können wir erfahren: Auch heute gibt es die Mistgabel, die Mohrrübe und noch viel zu wenig den Teamgeist. Wir sind mit der Kontrolle viel zu weit gegangen. Dies sind Spätlasten des Taylorismus, der deswegen so demotivierend wirkte, weil durch die Zerlegung des Arbeitsprozesses in kontrollierbare Einzelschritte die Arbeit des einzelnen ihres Sinnes entleert wurde. Es war die Hochblüte des mechanistischen Weltbildes, in dem seit Galilei alles, was meßbar ist, gemessen werden mußte; was nicht meßbar war, meßbar gemacht werden mußte.

Im Szenario Y beschrieb ich die Stärken des kybernetischen Weltbildes. Hier kommt es vor allem auf die Beziehungen zwischen den Teilen an. Das Beziehungselixier zwischen den Menschen wird im Informationszeitalter das Vertrauen: High-Tech und High-Trust gehören zusammen.

Vertrauen kann aber nur von oben nach unten wachsen, weil wir von Niklas Luhmann gelernt haben: *..., daß der Prozeß einen beiderseitigen Einsatz erfordert und nur dadurch erprobt werden kann, daß beide Seiten sich auf ihn einlassen; und zwar in nicht umkehrbarer Reihenfolge:*

zuerst der Vertrauende und dann der, dem vertraut wird.
Vertrauen entwickelt sich nicht von allein, dazu gehören immer Wollen und Tun. Vertrauen wächst durch Beteiligung der Mitarbeiter: wenn sie einbezogen werden in Führungs- und Entscheidungsprozesse, mitwirken bei der Zielfindung und Gestaltung ihrer Arbeitsplätze, mitarbeiten in Qualitäts-Teams.

Vertrauen ensteht auch durch materielle Beteiligungsformen wie Belegschaftsaktien, Genußrechte, Personalrabatte, Hilfe bei persönlichen Vorhaben durch zinsgünstige oder erfolgsabhängige Verzinsung von Firmenkrediten.

Zu einem wirklichen Vertrauensklima kommt es aber erst durch das tägliche, tatsächliche Verhalten aller Führungskräfte. Sie sollen sein, wie sie sind: sich natürlich geben, authentisch, meist kooperativ, wenn es brennt autoritär und in bewußten kreativen Innovationsphasen durchaus auch sich laissez faire verhalten.

Das Neue Denken ordnet nicht mehr einer Führungspersönlichkeit je eine der Lewinschen Führungsstilarten zu, sondern, je nach Situation, allen zu. Jeder Führende soll situationsadäquat die ganze Führungsstiltrias praktizieren und immer seine Verhaltens- und Entscheidungsgründe den Geführten verdeutlichen, stets offen mit ihnen kommunizieren. Dies wollen wir nun allgemein unter kommunikativer Führung verstehen. Wer kommunikativ führt, belebt den Vertrauensbildungsprozeß immer wieder neu. Gleichzeitig verwandelt er Potential in Leistung. Dies wirkt prägend auf die Denk- und Verhaltensweise aller Unternehmensangehörigen, beeinflußt das Meinungs-, Norm- und Wertgefüge, gewissermaßen den »Stil des Hauses« (Peter Zürn) und damit die Unternehmenskultur.

Wer mit seiner Arbeit
dem anderen dient, der wird gebraucht

Wenn jeder die erste Geige spielen wollte, wie unvollkommen würde dann ein Orchester klingen.

Nein: Jeder muß seinen individuellen Dienst zum Gelingen des Ganzen leisten. Wir erkennen hier den zentralen Punkt des Neuen Denkens: Vom Anspruchsdenken zur Servicebereitschaft. Vom Haben-möchten zum Dienen-wollen. Führen heißt daher eher Dienen als Herrschen. Es geht um die Veränderung der vorherrschenden Denk- und Verhaltensweisen, des Umgangs miteinander, mit Kunden und Lieferanten. Leistung für andere zu erbringen, müssen wir als Wert empfinden. Aus Dienen und Leisten wird Dienstleistung. Die Kunst des Dienens liegt dann im klugen Balancieren zwischen Altruismus und Egoismus: Geben und Nehmen, Dienen um etwas davon zu haben.

Den Weg dahin finden wir durch überzeugendes Qualitätsmanagement. Der Qualität ist wegen ihrer großen Bedeutung für die Zukunft ein eigenes Kapitel gewidmet. Dort werden wir Qualität als Erfüllung vereinbarter Kundenanforderungen definieren. Es geht um die Reduzierung des Unterschiedes zwischen Sagen und Tun. Im Nutzenbringen für den Kunden, sich von anderen Unternehmen zu differenzieren und dadurch besser zu sein als der Wettbewerb: das ist die neue Richtung.

Alles, was wir tun, müssen wir im Sinne des Abnehmers unserer Waren und Dienstleistungen tun. Wenn wir nicht wissen, für wen wir etwas tun, können wir diese Arbeit sofort einstellen.

Kennen wir jedoch den Abnehmer, müssen wir vorher seine Anforderungen im Rahmen unserer wirtschaftlichen und technischen Möglichkeiten klar vereinbaren und dann auch genauso erfüllen. Das gilt übrigens auch für die interne Zusammenarbeit. Mit Qualität haben also alle Unternehmensangehörigen zu tun.

Wie in einem Orchester soll sich jeder seines Anteils am Ganzen bewußt sein und dafür verantwortlich fühlen. Um auf diesem Wege Spitzenleistungen zu erreichen, ist Qualitäts-Führerschaft als Differenzierungsstrategie gefragt.

Das Neue Denken führt dann sogar zu einer positiven Einstellung gegenüber Eliten. Gemeint sind nicht diejenigen, die auf Grund von Standes-, Geburts- oder sonstigen Privilegien Vorteile gegenüber anderen genießen. Gemeint sind diejenigen Hochbegabten, die ihre Chancen so wahrnehmen, daß daraus ein Vorteil für das Gemeinwohl entsteht. Wenn also diese Eliten der Menschheit dienen, werden sie gebraucht. Dann müssen wir sie auch fördern.

Dienen hat viele Aspekte, den der Unterordnung inzwischen kaum noch. Im Gegenteil: Zweihundert Jahre nach Aufhebung der Leibeigenschaft wird sich Dienen nicht nur zu dem am meisten nachgefragten Gewerbe der Welt entwickelt haben, sondern zu einem Gesellschaftssysteme übergreifenden neuen Humanismus führen.

Darauf können wir setzen, wenn wir die neueren Ergebnisse der Evolutionsforschung, die Robert Augros und George Stanciu in ihrem Buch »Die Neue Biologie« zusammenfassen, in einen gesellschaftlichen Zusammenhang stellen. Diese Forschungsergebnisse korrigieren Darwins These der harten Selektion. Sie zeigen, daß in der Natur weniger das Prinzip vom Überleben des Stärkeren vorherrscht, als vielmehr die weiche Selektion: das Überleben derjenigen Zellen, Individuen und Verbände, die am besten mit ihrer Umgebung kooperieren können.

Und tatsächlich können wir in Wirtschaft, Gesellschaft und Politik einen neuen Trend beobachten: Partnerschaften verdrängen mehr und mehr die Feindbilder.

Könnten da die Informationsexperten abseits stehen? Im Gegenteil: Sie wissen, daß in dem einen Mittelpunkt des Informationsuniversums die Vielzahl der Anwender steht und in dem anderen die Sonne der gemeinsamen Kunden. Und wer seinen Kunden dient, der ist gefragt. Wer gefragt ist, wird gebraucht.

Diese Führungsthese könnte auch ein Wegweiser in die Zukunft der deutschen Tarifparteien sein. Ihnen müßten Flügel wachsen für Europa. In der Vogelperspektive würde ein größerer Horizont sichtbar: Neue Aufgaben lägen in der Behandlung globaler Themen. In der Praxis vollzöge sich ein Wandel von der Interessenvertretung mit deutlichem Machtanspruch hin zum Dienstleister: zum Berater und Interessenanwalt der jeweiligen betrieblichen Sozialpartner.

Diese wollen immer stärker ihr Schicksal in die eigenen Hände nehmen, würden sich aber gern zum Beispiel eines modularen, breit gefächerten, flexiblen Arbeitszeit- und Vergütungssystems bedienen, das die gesetzlichen Anforderungen erfüllt, europäische Dimensionen hat und genügend Spielraum, um in der individuellen Firmensituation zu gesunden Vereinbarungen kommen zu können. In einer hochentwickelten Demokratie wird die Machtfrage ohnehin nicht mehr auf der Straße, sondern durch die besseren Ideen beantwortet werden. Und wenn die Tarifparteien damit ihren betrieblichen »Kunden« dienten und ihre Beratungsleistungen ständig erneuerten, würden sie gebraucht.

Auf die Bildung kommt es an

Wilhelm von Humboldts universelles Bildungskonzept beruhte auf dem Weltwissen.

Dies hat sich bis heute jedoch exponentiell vervielfacht, so daß keines Menschen Hirn auch nur zur Speicherung ausreichen würde. Andererseits könnten wir es schaffen, das gesamte Weltwissen elektronisch aus Wissensbanken zu reproduzieren. Ferner ist es heute schon möglich, durch wissensbasierte Expertensysteme, Wissen produktiv zu verknüpfen.

Dieses gigantische, technisch denkbare Computernetz wäre also ein Maß für Bildung? Kommt es darauf bei den Führenden in Zukunft an?

Natürlich nicht: Wir müssen Bildung neu definieren. Vielleicht sogar komplementär? Wenn wir unser Wissen vergäßen, bliebe unsere Bildung übrig. Oder: Bildung ist die innere Gestalt eines Menschen, die man spürt, wenn man mit ihm spricht.

Am besten aber definieren wir Bildung mit Anton Stangl, indem wir erwarten: ... *Aufgeschlossenheit der Sinne und des Herzens, einen aufgeweckten und beweglichen Geist, Wirklichkeitssinn und Blick für das Wesentliche; und vor allem vielfältige Interessiertheit für diese so interessante Welt* ... und ein ... *unabhängiges Urteil.*

Darauf kommt es bei den Führenden in Zukunft an. Wir können die Bildung eines Menschen in diesem Sinne an seiner Fähigkeit erkennen, komplexe Dinge auf einfache Art sagen zu können. Etwa so, wie es einem begnadeten Clown gelingt, auch bittere Wahrheiten zu vermitteln, ohne zu verletzen. Seine stärkste Waffe dabei ist der Humor, für Führende eine gute Hilfe in

Konfliktsituationen. Wenn sie bei einem eindrucksvollen, »gebildeten« Bewerber für eine Führungsaufgabe in dessen inneren Gestalt zusätzlich den Humor erspüren, können sie sich alle weiteren Testverfahren schenken. Stimmt zusätzlich auch noch die »Chemie«, sollten sie mit ihrer Entscheidung nicht mehr zögern.

Bei den Führenden kommt es also mehr auf Bildung und wirklich weniger auf Spezialwissen an. Dies schlägt ohnehin etwa alle fünf Jahre einmal um und kann in erforderlichem Umfang durch Training und Praxis erworben werden. Eher müßten sie an ihrer Fähigkeit arbeiten, auch vergessen zu können.

Wichtiger als das Wissen um Details ist die Fähigkeit zur ganzheitlichen Perspektive. Und dies nicht nur bezogen auf die Arbeitswelt, die ganze Persönlichkeit ist gemeint. Man braucht einen zweiten Schwerpunkt im familiären oder gesellschaftlichen Bereich. Der einseitige »workaholic« brennt aus. Wer seine Freizeit aktiv gestaltet, regeneriert seine Kräfte für den Beruf und entwickelt zugleich ein tieferes Verständnis für andere Menschen.

Gesucht sind Führende, die intellektuell und charakterlich den großen Anforderungen der Arbeitswelt gewachsen sind und die es schaffen, andere zu ihrem Leistungsoptimum zu führen.

Daher kommt es auf die Bildung an.

Konzentriere Deine Kräfte auf den wirkungsvollsten Punkt

Diese These geht zurück auf das von Justus von Liebig in den pflanzlichen Entwicklungsprozessen entdeckte Minimumgesetz. Er fand heraus, daß es unter den vielen Einflußfaktoren auf den Pflanzenwuchs einen Faktor gibt, der alle anderen stimuliert: den sogenannten Minimumfaktor. Die Vermehrung nur dieses Faktors ist dann für den Pflanzenwuchs entscheidend.

Dieses Minimumgesetz hat sich inzwischen als allgemeingültig für alle Entwicklungsprozesse erwiesen.

Wir können es also auch in der Führungspraxis anwenden. Gelänge es zum Beispiel, aus einem Problembündel das Minimumproblem zu isolieren, würden mit der Lösung dieses Problems automatisch alle anderen mitgelöst.

Tatsächlich: Nach aller Erfahrung gibt es viel weniger wirklich entscheidende Dinge, als wir annehmen.

Erst recht hat es wenig Sinn, die Details zu ordnen, bevor wir nicht im Generellen wirkungsvoll ausgewählt haben.

Wie finden wir aber den Minimumfaktor, den wirkungsvollsten Punkt? Worauf kommt es beim Führen im Unternehmen an?

Peters und Waterman fanden in einer Art Master-Modelling acht entscheidende Punkte. Sie beobachteten die bestgeführten amerikanischen Unternehmen und filterten die Aspekte heraus, in denen diese Firmen übereinstimmten. Wir finden sie in dem berühmten

Bestseller: »Auf der Suche nach Spitzenleistungen«.
Kurz formuliert geht es um:
> Probieren geht über Studieren!
> Der Kunde ist König!
> Viel Freiraum für Unternehmertum!
> Auf den Mitarbeiter kommt es an!
> Wir meinen und tun, was wir sagen!
> Schuster bleib bei Deinem Leisten!
> Kampf der Bürokratie!
> So viel Führung wie nötig,
> so wenig Kontrolle wie möglich!

Die Praktiker nahmen dieses Buch mit Begeisterung auf, einige Theoretiker fanden es zu stark vereinfachend.

Peters schrieb zusammen mit Nancy Austin 1985 ein neues Buch: »Leistung aus Leidenschaft«. Die Autoren gehen auf die erhobenen Vorwürfe ein. Allerdings kommen sie zu dem Schluß: *Inzwischen jedoch ... wissen wir, daß wir die Zusammenhänge von Unternehmensführung und Erfolg noch nicht einfach genug dargestellt haben ... Unser Modell setzt sich also zusammen aus: Kundenpflege, permanenter Innovation und der Fähigkeit, Menschen zu begeistern.*

Auf nur drei Dinge kommt es also an:
> Bemühen Sie sich ungewöhnlich
>   intensiv um Ihre Kunden durch
>   hervorragenden Service und Qualität!
> Erneuern und verbessern Sie ständig!
> Entwickeln Sie Ihre Fähigkeit, Menschen
>   zu begeistern!

Im Jahre 1988 veröffentlichte Peters ein eigenes Buch: »Kreatives Chaos«. Darin kommt er nun zu der Erkenntnis, daß es entscheidend auf eines ankommt: auf Qualität!

Nun endlich wurde wohl die »Unternehmensweltformel« gefunden: Produktivität durch Qualität! Oder: Spitzenleistungen durch Qualitäts-Führerschaft!

Unter Anwendung des Minimumgesetzes wären wir also am erfolgreichsten, wenn wir unsere Kräfte auf den Qualitätsprozeß konzentrieren würden. Soweit zum Makromanagement.

Das Minimumgesetz gilt aber auch für das Mikromanagement, für die persönliche Arbeitsweise als Führender. Es geht um die Frage: Wie kann ich mich selbst auf die wirkungsvollsten Punkte wirkungsvoll konzentrieren? Die Antwort: durch Delegation und persönliches Zeitmanagement.

Bei der Delegation müssen wir sorgfältig unterscheiden, wann wir eine Aufgabe aus der Vogelperspektive betrachten und wann wir sie aus dem Auge verlieren können. Bevor wir delegieren, sollten wir uns stets fragen, was geschehen würde, wenn diese Arbeit niemand täte. Falls nichts Unerwünschtes zu erwarten ist, darf diese Arbeit dann auch niemand tun. Alle übrigen Aufgaben sollen wir immer dann delegieren, wenn auch andere sie erledigen können: die Mitarbeiter, andere Abteilungen oder interne und externe Servicestellen.

Ein kroatisches Sprichwort warnt alle Führenden: *Wer selbst arbeitet, verliert die Übersicht.* Sorgen wir also für eine möglichst flache Organisationstiefe.

Für das persönliche Zeitmanagement muß jeder seiner Natur folgend einen eigenen Weg finden. Am Anfang aller Überlegungen ist es wichtig, sich klar zu machen, daß es immer beliebig viel zu tun gibt. Die Zeit aber, die können wir nicht vermehren. Also sollten wir das auch akzeptieren und uns zuerst überlegen, wieviel Zeit wir wofür investieren wollen. Niemand kann alle Dinge zu Ende denken. Es kommt ohnehin in unserem kybernetischen Weltbild mehr darauf an, den nächsten Impuls zu geben.

Dies vorangestellt, fand ich in meiner Führungspraxis immer hilfreich, sich möglichst an das folgende zu halten:

> Kein Schriftstück ohne Bearbeitungsentscheidung aus der Hand legen, es muß sonst noch einmal gelesen werden.
>
> Briefe nie länger als eine Seite schreiben, erforderliche Details als Anlage anfügen.
>
> Höchstens den halben Tag vorher fest verplanen, denn es ist eine bekannte Weisheit: *Je genauer man plant, desto härter trifft einen der Zufall.* Bei Verschiebungen von Terminen immer prüfen, ob sie nicht auch ausfallen können.
>
> Eine Stunde täglich für die wichtigsten Einzelarbeiten reservieren.
>
> Zu einer Zeit nur eine einzige, bestimmte Arbeit tun, dies nicht länger als ein bis zwei Stunden. Wer vieles gleichzeitig tut, macht im Grunde nichts richtig. Er wird dies als Letzter erfahren.
>
> Auf A-Ziele konzentrieren.
>
> Den Terminkalender zum Führungskalender entwickeln: Mehr Zeit nehmen für Führungsgespräche, auf genügend Zeit für Kundengespräche achten.
>
> Das Unangenehme am besten zuerst erledigen.
>
> Jeden Tag etwas tun, was Spaß macht und davon immer mehr.

Das Minimumgesetz lehrt uns übrigens auch, daß es ungünstig werden kann, alle Kräfte unbedingt auf die Erreichung einmal vereinbarter Ziele zu konzentrieren. Auch Ziele sind miteinander vernetzt. So wie jedes globale Optimum durchaus lokale Minima voraussetzen kann, wird man auf dem Weg zum Ziel erfahren können, daß der Minimumfaktor mutiert: Neue Ziele werden insgesamt lohnender, manche Ziele müssen erweitert, andere verringert, einige neu definiert werden. Ziele sollen sich also auch bewegen können dürfen. Die Führenden müssen diesen Prozeß im Griff behalten und als normal empfinden. Wer hat nicht schon miterlebt, mit welchem Kraftaufwand alte Ziele – etwa Produktjahresstückzahlen des Vertriebes – immer noch verfolgt wurden, obwohl der Markt sich längst verändert hatte. Das war dann Konzentration der Kräfte auf den wirkungslosesten Punkt.

Im Sinne der hier behandelten Führungsthese müssen wir das klassische »Management by objectives« wandeln in: »Führen mit dynamischen Zielen«.

Auch bei der Akquisition von Firmen wäre die Beachtung dieser Führungsthese überaus hilfreich. Oft liegt der wirkungsvollste Punkt für eine Kaufentscheidung nicht im vorhandenen Produktspektrum oder in den Produktionsanlagen, auch nicht in der Bewertung der Marktanteile oder der letzten Bilanz. Der wirkungsvollste Punkt liegt in den besonderen Fähigkeiten und dem Know-how der vorhandenen Mitarbeiter. Es wird sich immer lohnen, seine Kräfte auf die wichtigste Ressource zu konzentrieren.

Führen bedeutet Segeln

Führen bedeutet Segeln und nicht Bahnfahren. Bahnfahrer folgen nur einer vorgegebenen Spur. Auf freier Strecke sind sie völlig hilflos. Sie haben nur die Chance, mitzufahren oder auszusteigen. Segler dagegen reagieren ständig auf das sie umgebende Kräftefeld. Sie nutzen die wirkenden Kräfte zur Steuerung ihres Bootes in die gewünschte Richtung. In diesem Sinne wird Segeln zur Metapher für erfolgreiches Führen, für ein kybernetisches Führungsprinzip: »Management by Jiu-Jitsu«. Jiu-Jitsu geht zurück auf die Zeit um 500 v. Chr. Buddhistische Mönche des Klosters Shanin in China entwickelten diese Methode, um sich bei den vielen Überfällen wirkungsvoll wehren zu können, ohne ihr Gelübde zu verletzen, keine eigene zerstörende Gewalt anzuwenden. Die Mönche schlugen die Eindringlinge mit deren Angriffskräften in die Flucht.

Frederic Vester spricht vom Jiu-Jitsu-Prinzip: *Bestehende Kräfte und Energien werden hier durch geringfügige Steuerenergie im gewünschten Sinne gelenkt.*

Dies können wir in unserer Führungspraxis vielfach bewußt erleben: Bei der Übernahme einer neuen Führungsaufgabe zum Beispiel. Der eine tritt als Boxer auf, er zerstört zuerst alles, was vorhanden ist, der Vorgänger habe eben alles falsch gemacht. Der andere praktiziert Management by Jiu-Jitsu. Er beobachtet genau, wie was läuft und ändert mit nur kleinen Signalen die Richtung. Der eine kämpft mit großem Kraftaufwand gegen Hindernisse, die vielleicht gar nicht vorhanden sind. Der andere erkennt das und kann seine Kräfte voll auf die neue Richtung konzentrieren.

Ein anderes Beispiel: Der eine Vertriebschef verteilt zu Jahresbeginn an seine Vertriebsbereiche die Verkaufsvorgaben auf Grund professioneller Potentialerhebungen zentraler Stäbe. Der andere Vertriebschef nennt sein Verkaufziel und bittet seine Vertriebsbereichsleiter um Vorschläge, wer welches Teilziel von sich aus akzeptieren kann. Die Verteilung des Restes ist dann immer ein Finale, das Spaß macht. Der eine Vertriebschef wird immer um die Erreichung seines Zieles zittern müssen. Der andere weiß, die Bereichsleiter haben die neuen Teilziele zu ihren eigenen Zielen gemacht.

Ein letztes Beispiel: Ein Mitarbeiter beschwert sich voller Erregung darüber, daß alles falsch laufe. Der »Vorgesetzte« wirft ihn aus dem Zimmer, er solle sich um seine eigenen Dinge kümmern. Der »Führende« fragt ihn ruhig, wie er es denn gern hätte. Der »Vorgesetzte« steigert die Frustration; der »Führende« wandelt die negative Zerstörungsenergie in positive Wunschenergie um, er bringt den Mitarbeiter auf die positive, schöpferische Ebene.

Entscheide besser ungefähr richtig, als genau falsch

Wir wissen nie vorher, ob eine Entscheidung richtig oder falsch sein wird; sonst wäre sie eine Rechenaufgabe, die ein Computer besser lösen könnte. Entscheidungen werden immer in Unsicherheit getroffen.

Zum rechten Zeitmaß lesen wir in Goethes »Wilhelm Meisters Lehrjahre«: *Lange Überlegungen zeigen gewöhnlich, daß man den Punkt nicht im Auge hat, von dem die Rede ist, übereilte Handlungen, daß man ihn gar nicht kennt.*

These sechs soll die Führenden besonders bei der Behandlung komplexer, vieldimensionaler Probleme unterstützen, wenn deterministische Entscheidungstechniken versagen. Hier helfen der Natur abgeschaute Evolutionsstrategien: zum Beispiel das von Darwin erkannte Wechselspiel von Mutation und Selektion. Man unternehme einen beliebigen Schritt, eine Zufallsänderung: Mutation; bewerte das Ergebnis dieser Änderung, nehme es als Basis für den nächsten Schritt an, oder verwerfe es: Selektion. Dies ist das bekannte »Versuchs-Irrtums-Prinzip«. Es gibt also nicht die eine große Entscheidung, sondern ein immer wieder Neuentscheiden auf der Basis eines Lernprozesses.

Eindrucksvoll finde ich auch Tom Gilb's »Prinzip Bergziege«. Er hat intensiv beobachtet, wie die Bergziegen auch die gefährlichsten Berghänge hinaufspringen: mit den Vorderbeinen kontrollieren sie kurz die Festigkeit des Untergrunds und gehen so ein kontrolliertes Risiko beim sofort folgenden Sprung ein. Deterministische Entscheidungstechniken würden für einen sicheren Aufstieg wohl zum Bau einer geschwungenen Trasse führen. Nur, ob wir oben dann noch erwartet werden, das genau ist die Frage.

Die hier behandelte These soll eine Entscheidungs-Orientierungshilfe für die Führenden sein. Mit Walter Böckmann differenzieren wir »Zauderer« und »Entscheider«. »Zauderer« wollen vermeiden, daß etwas mißlingt, sie sind »mißlingensvermeidensorientiert«. »Entscheider« dagegen wollen erreichen, daß etwas gelingt, sie sind »gelingensorientiert«. In jedem Falle zeigt Walter Böckmann ganz deutlich, worauf es beim Entscheiden ankommt; es sind nicht so sehr besondere Techniken, sondern Persönlichkeitsanforderungen: Mut, Intuition, Risikobereitschaft, Verantwortungsbewußtsein, Augenmaß und Weitsicht.

Entscheidungen in diesem Sinne können nicht durch Mehrheitsvoten herbeigeführt werden. Abgesehen davon, daß die besten Ideen stets von Minderheiten kommen, ist das Entscheiden immer mit einer Persönlichkeit verbunden.

Noch deutlicher wird dies, wenn wir auf die 1400jährige Entscheidungspraxis der Benediktiner blicken. In der Regel des Hl. Benedikt heißt es sinngemäß: Alles soll der Abt entscheiden, nichts ohne den Rat der Brüder und auch der Jüngste soll sagen, was er für recht hält...

Vielleicht etwas respektlos nenne ich dies die »Abtregel« des Entscheidens. Jeder Führende soll sich in diesem Sinne als Abt in seinem Verantwortungsbereich fühlen.

Die Abtregel enthält zwei Weisheiten: Die letzte Entscheidung kann nur einer treffen, er muß dafür auch gerade stehen. Besonders wichtig ist es aber, auf die Entscheidungsdurchführbarkeit zu achten: durch rechtzeitige Beteiligung der Betroffenen. Das kostet Zeit und Geld. Alles andere wäre aber teurer. Entscheiden ist also kein digitaler Akt, sondern die bewußte Gestaltung eines Entscheidungsprozesses. Dazu gehören dann auch bestimmte systematische Phasen. Wenn es aber um den springenden Punkt geht, bleibt man als Führender ganz allein.

Beim Entscheiden sollten wir stets bedenken: Vielleicht ist es eine abendländische Behinderung, daß jedes Problem, das erkannt wird, auch gleich gelöst werden muß.

Ob es manchmal nicht besser wäre, mit Problemen bewußt zu leben? Natürlich müßten wir auch dies entscheiden. Dazu könnte uns ein interessanter Hinweis auf die Vernetzung von Problemlösungen in Goethes »Maximen und Reflexionen« ermutigen: *Jede Problemlösung ist ein neues Problem.*

Wir können durch Problemlösungseifer sogar blind werden für sich bietende Gelegenheiten. Wir versäumen Chancen und vergrößern unser Problembündel. Vielleicht sollten wir in Zukunft mehr auf Gelegenheiten achten, als auf Probleme. Die umgekehrte Entscheidung könnte genau falsch sein.

Eines sollten wir beim Entscheiden noch bedenken: Jede sogenannte Sachentscheidung ist zugleich eine Entscheidung für oder gegen Menschen. Deshalb müssen wir als Führende sorgfältig darauf achten, daß immer diejenigen entscheiden, die zuständig sind. Wenn es dann doch einmal zu einer Rückdelegation käme, weil zwei oder mehr rivalisierende Gruppen sich nicht einigen können, dürften wir erst recht keine eindeutige Entscheidung treffen. Da der Sieger auch noch jubeln würde, wäre der Gesichtsverlust der Unterlegenen zu groß, um nicht dauerhaften Schaden in der Beziehung zu deren Mitarbeitern zu erleiden. In einer solchen Entscheidungssituation wäre es klug, höchstens einen globalen Richtungsimpuls zu geben, der es den rivalisierenden Parteien möglich macht, ohne Gesichtsverlust einen erfolgreichen dritten Weg zu finden. Es geht um das Schaffen von Konstellationen, in denen diejenigen, die entscheiden sollen, es auch wieder können.

Das bewußte Nichtentscheiden ist immer die schwierigste Entscheidung.

Führe durch eigenes Vorbild

Wer mit seinen Mitarbeitern ständig unzufrieden ist, sollte einmal versuchen, den wirkungsvollsten Punkt für eine positive Veränderung bei sich selbst zu finden.

Gerade die Individualisierung unserer Gesellschaft weckt gleichzeitig das Bedürfnis nach stärkerer Orientierung, die teilweise noch durch den Nachahmungstrieb des Menschen verstärkt wird. Diesen durch das erzieherische Hinstellen von Vorbildern zu befriedigen, wäre sicher eher Manipulation und kann erschreckende Folgen für die Menschen haben, wie uns die Geschichte lehrt. Deshalb aber einen großen Bogen um das Thema Vorbild zu machen, wäre auch nicht gerade mutig. Wir müssen es auf eine andere Bewußtseinsebene bringen: Sich selbst der eigenen Wirkung auf andere bewußt zu werden, darauf kommt es an. Die anderen werden in einem persönlichen Lernprozeß ihren Nachahmungstrieb stillen und gleichzeitig Orientierung erfahren.

Dadurch wird das Vorleben der Führenden zu deren persönlichen Pflicht bei gleichzeitiger innerer Unabhängigkeit und Freiheit. Es geht also darum, selbst anderen Vorbild zu sein und nicht darum, auf andere Vorbilder zu deuten. So bleibt dann auch jeder frei in der Wahl seiner Vorbilder.

Eigentlich könnten wir nun unsere These umformulieren: Führe durch Vorleben! Dies wäre zugleich ein Appell im Sinne des Kant'schen kategorischen Imperativs, den wir leicht verändert auf unsere Arbeitswelt übertragen sollten:

Handle so, daß die Maxime Deines Willens jederzeit

zugleich als Grundsatz (Prinzip) einer allgemeinen Firmenverfassung (Gesetzgebung) gelten könne!

Hier geht es um Glaubwürdigkeit, um die Integrität einer jeden Führungspersönlichkeit. Niemand muß perfekt sein, aber jeder soll sich bemühen, immer ein wenig besser zu werden.

Zusammenspiel

Sieben Führungsthesen habe ich nun kommentiert und dabei gezeigt, wie eng sie miteinander zusammenhängen. Jetzt möchte ich sie auf ihren Kern reduzieren. Jede Führungsthese auf ein Wort: Vertrauen, Dienen, Bildung, Konzentrieren, Optimieren, Entscheiden, Vorbild.

Die Wahrnehmung unserer Führungsverantwortung angesichts der vier Herausforderungen Wertewandel, Individualisierung, Komplexität und Internationalisierung liegt im Praktizieren dieser Führungsthesen: in gelebter Führungsqualität. Die Informationstechnik macht dies jetzt möglich.

Dabei müssen die Führenden vielseitig und vor allem eines sein: Menschen mit Visionen. Sie sollen emotional erlebbare Zielvorstellungen vermitteln, die große Herausforderungen, Sinn und Entfaltungsmöglichkeiten bieten. Und sie sollen im Umgang mit Menschen Goethes Rat aus »Wilhelm Meisters Lehrjahre« annehmen:

Wenn wir die Menschen nur nehmen, wie sie sind, so machen wir sie schlechter; wenn wir sie behandeln, als wären sie, was sie sein sollten, so bringen wir sie dahin, wohin sie zu bringen sind.

Führungskonzept

Ein Unternehmen läßt sich als ein dreifach vernetztes System definieren: Es besteht aus dem technischen System, dem ökonomischen System und dem sozialen System.

Solange es Unternehmen gibt, konzentrieren sich die Hauptverbesserungsinitiativen auf das technische und auf das ökonomische System. Der Mensch zählte als Kostenfaktor zum ökonomischen System. Jedes technische oder ökonomische Problem ist zugleich aber auch ein menschliches Problem oder ein Beziehungsproblem zwischen Menschen. Eine Harvardstudie belegt, daß 80 Prozent aller Probleme im Unternehmen menschliche Ursachen haben.

In der Tat: Es wirkt sich auf die Unternehmensleistung dramatisch aus, ob Mitarbeiter eine Entwicklung sabotieren, Dienst nach Vorschrift ableisten oder eben selbst begeistert andere mitreißen, sich mit ihrer Aufgabe und den Zielen identifizieren. Deshalb brauchen wir ebenso eine Professionalisierung des sozialen Systems. Führen darf nicht Privatsache sein. Jeder Führende soll sich einem gemeinsam entwickelten Führungskonzept verpflichtet fühlen. Bei dessen Entwicklung kommt es mehr auf eine möglichst breite Beteiligung der Führenden als auf Formulierungstiefe an. Jedes Unternehmen hat hier einen individuellen Entwicklungsstand. Die Konzeptreife ist ein Maß für das Gewicht, das die Unternehmensleitung dem sozialen System gibt.

Was ist ein Führungskonzept? Es ist ein Konzept zur Entwicklung des sozialen Systems im Unternehmen. Es besteht aus Führungsgrundsätzen und einer Vielzahl von Führungsinstrumenten.

Führungsgrundsätze

Die Führungsgrundsätze beschreiben den Geist der Führung eines Unternehmens. Sie beinhalten Visionen, Grundaussagen über den Sinn und Zweck sowie die Organisationsprinzipien des Unternehmens, Verpflichtungen gegenüber Mitarbeitern, Kunden und Eigentümern, ein Bekenntnis zur kommunikativen Führung und Qualität, Verhaltensnormen im Wettbewerb, gegenüber Öffentlichkeit, Umwelt und Gesellschaft. In einigen Unternehmen wird daraus eine umfangreiche Ausarbeitung: eine Unternehmensverfassung, ein Grundgesetz der Führung. Damit dies nicht in Vergessenheit gerät, wäre es hilfreich, die fünf bis sieben wichtigsten Willenserklärungen in jeweils eine kurze lebendige Aussage zu einem Leitbild umzuformulieren, das überall sichtbar und jedem Mitarbeiter bewußt bleibt.

Führungsinstrumente

Bildlich gesprochen, sind die Führungsinstrumente Transmissionsriemen, die die Führungsgrundsätze in die betriebliche Wirklichkeit übersetzen. Sie sind gewissermaßen die »Führungs-Hardware«, während die »Führungs-Software« durch die Führungsthesen gegeben ist. Beispiele für Führungsinstrumente sind:

    Mitarbeitergespräch
    Meetings
    Leistungsvergütung
    Dienstzeitmanagement
    Mitarbeiterbeurteilung
    Führungsbrief
    Dialog
    Orientierungsklausur
    Förderkreise
    Förderrunde
    Stellenbesetzungsrunde

Je tiefer Unternehmen in eine fließende Organisation hineinwachsen, – die steigende Komplexität erfordert und die Informationstechnik ermöglicht dies – um so wichtiger werden organisationstragende Orientierungspunkte oder gar Orientierungsrituale.

Dem MITARBEITERGESPRÄCH kommt hier eine existentielle Bedeutung zu. Es soll daher sehr ausführlich dargestellt werden. Das Mitarbeitergespräch konkretisiert die individuelle Arbeitssituation als Bilanz und Perspektive für jeweils zwölf Monate.

Ich schlage eine einheitliche Form für alle Unternehmensangehörigen vor. Inhaltlich ist es ein vertrauliches Gespräch zu zweit, das jeder Führende einmal jährlich mit jedem zugeordneten Mitarbeiter führt. Es dauert etwa drei Stunden. Jeder Gesprächspartner bereitet sich ein bis zwei Stunden darauf vor. Der Mitarbeiter notiert die Gesprächsergebnisse während des Gespräches. Anschließend erhält jeder ein Exemplar. Andere Personen erhalten keine Einsicht. Dies zu vereinbaren, ist wichtig, damit ein persönliches und kein politisches Protokoll entsteht. Welche Gesprächsinhalte gezielt an wen weitergegeben werden sollen, darauf einigen sich die Partner am Ende des Mitarbeitergesprächs.

Konkret geht es um Antworten auf die von mir vorgeschlagenen Fragen:

> Inwieweit wurden die Arbeitsziele für die vergangenen zwölf Monate erreicht?
> Inwieweit wurden die vereinbarten Weiterbildungsmaßnahmen durchgeführt?
> Inwieweit wurden die vereinbarten persönlichen Entwicklungsziele erreicht?
> Welche Schwierigkeiten haben Sie bei Ihrer Arbeit belastet?
> Was wollen wir beide daraus lernen?
> Wie gefällt Ihnen Ihre Arbeit?
> Was wollen wir in unserer Zusammenarbeit verbessern?
> Welche Führungsfehler sind Ihnen bei mir aufgefallen?
> In welcher Weise sind Sie ungerecht behandelt worden?
> In welchen Punkten wünschen Sie mehr Selbständigkeit, in welchen mehr Unterstützung?

Was wollen Sie in Zukunft besser machen?
Welche Arbeitsziele vereinbaren wir für die nächsten zwölf Monate?
Welche Weiterbildungsmaßnahmen vereinbaren wir für die nächsten zwölf Monate?
Welche persönlichen Entwicklungsziele und Entwicklungsmaßnahmen vereinbaren wir für die nächsten zwölf Monate?
Welche Aufgaben- und Vergütungsperspektiven sind für die nächsten drei Jahre möglich?
Wie fühlen Sie sich insgesamt in unserem Unternehmen?
Wer soll was aus diesem persönlichen Gespräch erfahren?

Die einheitliche Form dieses Mitarbeitergesprächs befindet sich im Anhang.

Inhaltlich können wir erkennen: Bürokratische Stellenbeschreibungen und numerische Personalbeurteilungen sind passé. Konkrete Aufgaben und Ziele, die zu deren Erreichung erforderlichen konkreten Ausbildungsmaßnahmen, persönliche Anliegen und eine gemeinsame qualitative Bewertung, mit dem einzigen Sinn zu klären, was wer wie besser machen kann, stehen im Mittelpunkt eines von beiden Seiten immer stärker gewünschten Gesprächs. Das Neue Denken hat den Wendepunkt erreicht, wenn die bürokratischen Führungsinstrumente durch ein Mitarbeitergespräch der hier vorgeschlagenen Art und Weise substituiert worden sind.

Viel zu wenig Aufmerksamkeit wird der Gestaltung von MEETINGS gewidmet. Ob sie nun der Information dienen, der Entscheidungsvorbereitung, der Problemlösung oder der Motivation: In jedem Unternehmen gibt es hier Verbesserungsmöglichkeiten. Wichtig wäre einmal festzustellen: Welche Meetings gibt es? Welche sollte es geben? Wie sind sie aufeinander abgestimmt? Was könnte effizienter gestaltet werden? Die Antwort zu finden, wäre ein lohnendes Thema für ein Qualitäts-Team. Über Vorbereitung, Dramaturgie und Dokumentation von Meetings ist oft genug, meist zu dem Stichwort »Konferenztechnik«, geschrieben worden. Daher nur diese Empfehlung aus meiner Führungspraxis: Versuchen Sie einmal, die Agenda in Frageform zu schreiben, statt sie mit Tagesordnungspunkten zu füllen. Dann gäbe es zum Beispiel nicht den Tagesordnungspunkt: Bericht von der Tagung des Koordinierungsausschusses. Statt dessen hieße die entsprechende Frage in der Agenda: Was gibt es Neues und für uns Interessantes von der Tagung des Koordinierungsausschusses zu berichten? Im ersten Falle könnte es einen langweiligen Vortrag geben, im zweiten dieses Thema vielleicht gar nicht erst auf der Agenda erscheinen. Ziel eines Meetings sollte immer die Beantwortung von Fragen oder deren Teilfragen sein. Bei Kommunikationsproblemen in Gruppen oder Abteilungen kann der wirkungsvollste Punkt zur Verbesserung in regelmäßigen Stehkonvents liegen: immer am selben Wochentag, zur selben Zeit und nur eine Stunde.

Die LEISTUNGSVERGÜTUNG muß sich in den meisten Unternehmen erst zu einem wirklichen Führungsinstrument entwickeln. Die betrieblichen Sozialpartner sollten darüber immer souveräner verhandeln können dürfen und die Einmischungen von außen immer geringer werden. Möglichst viele Führungskräfte sollten den größeren Teil ihres Einkommens durch erfolgsabhängige Tantiemen erhalten, wobei es auf die Vereinbarung individueller Ziele und auf die Transparenz des Vergütungssystems ankommt. Jährliche Gehaltsüberprüfungen bräuchte es nur bei den unteren Einkommen zu geben. Bei den übrigen alle drei Jahre. Dafür wäre differenzierend und leistungsorientiert bis zu ein Drittel des Unternehmensgewinnes auszuzahlen, kombiniert mit breiten Chancen zur betrieblichen Vermögensbildung: stille Beteiligung, Belegschaftsaktien, Genußrechte zum Beispiel.

DIENSTZEITMANAGEMENT wäre ein weiteres, interessantes Führungsinstrument. Der feste Acht-Stunden-Rhythmus kann durch flexible Arbeitszeit so umgestaltet werden, daß der faire Vorteil des einzelnen sich zum Wohle des Ganzen fügt. Die Führenden sorgen dafür, daß die Gruppen sich einigen, die Informationstechnik für eine saubere Administration.

Das Führungsinstrument MITARBEITERBEURTEILUNG sollte aus meiner Sicht abgeschafft werden, jedenfalls in der zumeist praktizierten numerischen Form. Dies kommt aus der Ecke der mechanistischen Personalverwalter. Es ist nicht mehr zeitgemäß, den mündigen Menschen vorwiegend quantitativ zu beurteilen, ihm Noten zu geben. Zu Recht sträuben sich viele Führende dagegen, weil die meisten dieser Beurteilungsgespräche die menschlichen Beziehungen sogar verschlechtern. Es kommt eigentlich doch eher darauf an, qualitativ herauszufinden, was wie besser laufen könnte. Hier würden die Energien positiv genutzt, wie beim Führungsinstrument Mitarbeitergespräch beschrieben.

Auch für die Leistungsvergütung ist übrigens eine numerische Beurteilung nicht erforderlich. Das angeblich gerechtere numerische System wird ohnehin häufig genug emotional zurechtgebogen: manipuliert. Schwache Führungskräfte reden sich sogar auf das System heraus, statt sich zur eigenen Verantwortung zu bekennen. Wenn bereichsweise ein Leistungsbudget vorgegeben würde, könnten sich jeweils zwei Führungsebenen – orientiert an der Erfüllung von Zielvereinbarungen – auf ihre Art über die Einzelvergabe einigen. Die Mitarbeiter wüßten dann genau, daß es die Entscheidung des direkten und des dann nächsthöheren Führenden ist. Da die Führenden auch wissen, daß dies die Geführten wissen, werden sie den fairen Weg finden, Mißbräuche werden sich auspegeln.

Der FÜHRUNGSBRIEF ist in vielen Unternehmen noch ein viel zu wenig praktiziertes Führungsinstrument: In Abständen von ein bis zwei Monaten schreibt der Unternehmensverantwortliche allen Führungskräften einen Brief zu einem brennenden Führungsthema.

Einmal im Jahr sollte ein DIALOG, vielleicht kombiniert mit einem Informationsmarkt, für möglichst viele Führungskräfte durch die Unternehmensleitung gestaltet werden. Ergebnisbewertung und besonders Strategiediskussionen sorgen für unternehmensweite Kommunikationshöhepunkte.

Zum internen Finden von Führungskräften ist ein professionell gestaltetes Assessmentcenterverfahren – eine ORIENTIERUNGSKLAUSUR – mit vorangegangenen Interviews sehr wirkungsvoll. Dabei sollten die Kräfte mehr auf die Entwicklung der Wahrnehmungsfähigkeit der Beobachter als auf das Spezifizieren der Übungen konzentriert werden. Firmenspezifische Übungen erschweren im allgemeinen die Beobachterrolle, weil sie manchmal in ein fachliches Gefängnis führen. Es sollte auch nur beobachtet werden, was zu den wirkungsvollsten Punkten einer Führungskraft zählt: Bildung, Kommunikations- und Entscheidungsfähigkeit. Beobachter sollen möglichst einflußreiche Führungskräfte sein. Die Orientierungsklausur darf nicht als Ausleseinstrument mißverstanden werden, das Herausfinden der nächsten Entwicklungsschritte muß im Vordergrund stehen.

Je nach Zielpotential werden mehrere Nachwuchspools – FÖRDERKREISE – gebildet, deren Teilnehmer gemeinsam trainiert werden. Hier steht die Persönlichkeitsentwicklung im Vordergrund und nicht der Anspruch auf eine höhere Position.

Die für die jeweiligen Förderkreise zuständigen Führungskräfteteams überprüfen in einer jährlichen FÖRDERRUNDE die Entwicklungsschritte. Dazu eignet sich am besten eine moderierte Sitzung.

Bereichsübergreifend finden jährliche STELLENBESETZUNGSRUNDEN statt. Unternehmensweite Entscheider geben neue Stellen frei, überprüfen die Nachfolgeplanung und entscheiden konkrete Stellenbesetzungen. Auch dies geschieht am besten in einer moderierten Sitzung.

Qualität

Qualität zu definieren, fällt vielen Führungskräften ähnlich schwer, wie die Definition der Sünde einem Geistlichen. Gleichwohl ist Qualität der Urquell des Neuen Denkens.

In Symbiose mit bewußter Führung könnte sogar der Königsweg für die Gestaltung der Arbeitswelt von morgen sichtbar werden.

Qualitäts-Denken

Qualitäts-Denken wird zu einem ersten Führungsthema in Unternehmen aller Branchen und Größen, insbesondere auf dem Weg zum europäischen Binnenmarkt. Vierzehn internationale Konzerne gründeten am 15. September 1988 in Brüssel eine Stiftung für Qualitäts-Management. Ihr Hauptanliegen ist, in Zusammenarbeit mit europäischen Organisationen, die Ausbildung und Entwicklung des spezifischen Bewußtseins der Führungskräfte für Qualitäts-Management. Was ist daran eigentlich neu?

Es geht um keinen neuen instrumentalen Ansatz, sondern um einen mentalen Prozeß. Es geht um das Neue Denken, ja, um eine kapitalistische Perestroika. Es geht um die Umgestaltung unserer Informations-und Kommunikationsgewohnheiten. Es geht um Einstellungs- und Verhaltensänderungen im Umgang miteinander, mit Kunden, Lieferanten, Mitbewerbern, der Öffentlichkeit und der Umwelt.

Im Qualitäts-Denken ist ein Geschäft dann ein gutes Geschäft, wenn es für alle Partner gut ist. Einkäufer, die sogar Dienstleistungen beschaffen wie einen Teppich, werden diejenigen, die diese erbringen sollen, nie dafür begeistern, ihr bestes zu geben. Sie wissen nicht einmal, daß sie ihrem Unternehmen um so mehr schaden, je besser sie glauben, ihren Job gemacht zu haben.

Wettbewerb ist nicht Gegnerschaft, sondern geistiger Wettstreit um die besten Ideen für die Kunden.

Innovation hat nicht nur mit »Neuem« zu tun, Innovation ist auch die Antwort auf die Frage: Was wollen wir nicht mehr tun? So wird es immer weniger hilfreich

sein, nur von anderen etwas zu erwarten. Die wirkungsvolleren Fragen werden sein:
> Was erwarten die anderen von mir?
> Was kann ich für die anderen tun?
> Wer ist mein Kunde?
> Was läßt ihn aufhorchen?
> Wie erkenne ich die Kundenanforderungen?
> Wie kann ich die Kundenanforderungen mitprägen?
> Wie kann ich die Kundenanforderungen vereinbaren?
> Wie kann ich die Kundenanforderungen erfüllen?
> Wie kann ich meine Kunden begeistern?

Die Veränderung vollzieht sich vom Haben-möchten zum Dienen-wollen, um gleichzeitig etwas davon zu haben. Es geht um ein vorausschauendes Bewerten der eigenen Arbeit aus der Perspektive des Abnehmers: des Kunden.

Qualitäts-Denken beginnt also nicht bei technischen Produkten oder organisatorischen Strukturen, sondern bei den Menschen und ihren Einstellungen. Diese zu verändern, gehört zum schwierigsten im Führungsprozeß, ist aber von ungeheurer Wirkung, wenn dies gelingt. Und es gelingt am besten mit einer Vision, wie Antoine de Saint-Exupéry empfiehlt: *Wenn Du ein Schiff bauen willst, dann trommle nicht Männer zusammen, um Holz zu beschaffen, Aufgaben zu vergeben und die Arbeit einzuteilen, sondern lehre die Männer die Sehnsucht nach dem weiten, endlosen Meer.*

So führt Qualitäts-Denken zu einer ganzheitlichen

Führungsphilosophie. Für ihren Erfolg ist eine entwickelte Unternehmenskultur wichtig. Das Praktizieren der sieben Führungsthesen führt dahin.

Qualitäts-Denken zeigt sich auch in einer neuen Einstellung zu Fehlern. Nie fühlen wir uns selbst als Verursacher. Deshalb ändern wir auch selbst nichts. Die meisten wollen das grundsätzlich nicht, einige jedenfalls zumindest zum gegenwärtigen Zeitpunkt nicht. Eher sind wir gewohnt, nach Schuldigen zu suchen.

Dabei wäre es doch wichtig, Fehler dort zu erkennen, wo sie entstehen, dann Fehler zu korrigieren, wenn sie entstehen und die Ursachen zu beseitigen, bevor Fehler entstehen; man könnte so Fehlerwiederholungen vermeiden und die Kräfte möglichst auf Vorbeugemaßnahmen konzentrieren.

Fehler sind im Neuen Denken wichtige Indizien für notwendige Veränderungen in den entsprechenden Geschäftsprozessen.

Würde man beim Suchen und Beheben von Fehlerursachen auch mit der Veränderung seines eigenen Verhaltens beginnen, könnte dies der kürzeste Weg zum Erfolg sein. Wir müssen ein Klima schaffen, in dem es leichter fällt, Zivilcourage zu zeigen.

Philip B. Crosby machte bei ITT eine sensationelle Feststellung: Die meisten Fehler entstehen nicht etwa in der Produktion, sondern mit Bleistift und Papier, am Telefon, am Terminal. 80 Prozent aller Fehler werden vom Management verursacht. Dadurch entstehen Kosten in Höhe von 15 bis 20 Prozent des Umsatzes, sie sind bei den Dienstleistern höher als beim produzierenden Gewerbe. Durch Qualitäts-Management können in fünf bis zehn Jahren diese Kosten bis zu 10 Prozent gesenkt werden.

Crosby definierte alle Kosten für Aufwendungen, die durch Fehler verursacht werden, als Qualitäts-Kosten: Kosten für das Messen von Fehlern, für Korrekturmaßnahmen im weitesten Sinne und für Fehlervorbeugemaßnahmen.

Die Qualitäts-Kosten müssen wir umorientieren vom Korrigieren zum Vorbeugen und dadurch senken. Dies insbesondere mit einer konsequenten Null-Fehler- Strategie: Fehlerkontrolle nicht erst am Ende, sondern in jedem Prozeßschritt. Und zwar nicht durch Spezialisten einer Qualitäts-Sicherungsabteilung. Der einzelne oder die Arbeitsgruppe müssen dies selbst tun. Es kommt darauf an, es gleich richtig zu machen, auf keinen Fall Fehler weiterzugeben.

Was aber ist ein Fehler? Fehler sind Abweichungen von vereinbarten Kundenanforderungen, und Kunde ist jeder Abnehmer von Waren und Dienstleistungen, extern und intern.

Jetzt können wir Qualität definieren: Qualität ist die Erfüllung vereinbarter Kundenanforderungen.

Das ist gegenüber unserem gewohnten Denken ein völlig neuer Qualitäts-Begriff. Qualität ist nicht etwa gleichbedeutend mit Hochwertigkeit und Güte, mit Komfort, Luxus, Eleganz oder anderen subjektiven Werten. Qualität ist objektiv meßbar anhand von Qualitäts-Kriterien. Sie helfen, die Kundenanforderungen klar zu vereinbaren und konsequent zu erfüllen.

Der Vereinbarungsprozess ist immer der erste und häufig zu wenig beachtete Teil im Qualitäts-Prozeß. Er ist auch deshalb wichtig, weil die Kundenanforderungen sich ändern können. Hier geht es darum, die Kundenwünsche, die Wünsche der Kundenzielgruppen zu erforschen, mitzuprägen und bei den Vereinbarungen die eigenen wirtschaftlichen Interessen mit zu berücksichtigen. Wenn immer direkte Kundenvereinbarungen möglich sind, wäre dies der wirkungsvollste Weg. Sonst helfen die bekannten statistischen Umfragetechniken, mit denen professionelle Marktforscher zu arbeiten pflegen. Es kommt aber entscheidend hinzu, daß die Umfrageergebnisse als Kundenanforderungen den Kundenzielgruppen, zum Beispiel in der Werbung, auch bewußt gemacht und die Kunden ganz allgemein um Korrekturwünsche gefragt werden. Auch wenn die konkrete Reaktion darauf relativ gering sein wird, so erzeugt dies selbst in großen anonymen Marktsegmenten Kundennähe. Hier kommt es dann genauso darauf an zu erfüllen, was zum Beispiel in der Werbung versprochen wurde. Alles andere wäre eine Sünde.

Kunde ist – wie wir definiert haben – jeder Abnehmer von Waren und Dienstleistungen. Wir unterscheiden zwar zwischen externen und internen Kunden, es darf aber keinen Unterschied zwischen externer und interner Qualität geben. Auch intern geht es um die Erfüllung vereinbarter Anforderungen anderer, einzelner oder Gruppen. Darin liegen enorme Produktivitätsreserven, die wir nur dann ausschöpfen können, wenn wir dazu ein spezifisches Bewußtsein entwickeln.

Wenn wir zum Beispiel vor Beginn einer Arbeit nicht wissen, für wen wir sie erbringen, sollten wir uns damit gar nicht erst beschäftigen, offensichtlich wartet niemand darauf. Kennen wir jedoch den Abnehmer unserer Arbeitsleistung, müssen wir zuerst seine Anforderungen im Rahmen unserer wirtschaftlichen und technischen Möglichkeiten klar vereinbaren und dann auch genauso erfüllen.

Im ersten Schritt geht es also darum, die richtigen

Dinge zu tun, im zweiten Schritt, die richtigen Dinge richtig zu tun.

Qualität ist unteilbar. Qualität ist das, was der Kunde als Gesamtleistung honoriert: Produkte und Dienstleistungen, Service und Betreuung, Einhalten von Zusagen, Termintreue, Kompetenz der Verkäufer, Berater und Experten, Flexibilität, Glaubwürdigkeit.

Qualitäts-Denken führt innerbetrieblich zur Verstärkung der bereichs- und ebenenübergreifenden Zusammenarbeit: zur Öffnung aller Ressortgrenzen. Ressortgehege werden zu Initiativfeldern.

Es handelt sich um einen kundenorientierten Umgestaltungsprozeß, um einen Qualitäts-Prozeß, der zum tragenden Unternehmenskraftfeld führt.

Auf der Basis eines Unternehmens-Leitbildes werden Unternehmens-Ziele formuliert und Unternehmens-Strategien zur Zielerreichung ausgearbeitet. Mit Qualitäts-Management wird nun der praktische Umsetzungsprozeß gestaltet: Er bewirkt den Unternehmenserfolg durch gelebte Kundennähe mit motivierten Mitarbeitern in einer innovativen Organisation. Ohne Qualität leiden die Kundenbeziehungen, die Motivation der Mitarbeiter und die Innovationsfähigkeit der Organisation; ohne Qualität gerät der Erfolg des Unternehmens in Gefahr, weil Leitbild, Ziele und Strategien ihren Zusammenhalt verlieren.

Die Gestaltung des Qualitäts-Prozesses ist eine permanente unternehmerische Aufgabe. Der Unternehmenserfolg wird sich in dem Maße einstellen, wie der erste Mann des Unternehmens den Qualitäts-Prozeß zu seiner eigenen Sache macht, die Führenden vorangehen und die Mitarbeiter ein neues Qualitäts-Bewußtsein entwickeln.

Die Unternehmensführung muß dafür sorgen, daß alle Unternehmensangehörigen in den Qualitäts-Prozeß einbezogen werden. Nach unserer europäischen Praxis wäre für den Start der top-down-Weg der wirkungsvollste, aber mit dem Ziel einer stetigen horizontalen und vertikalen Interaktion. Dabei müßte erreicht werden, daß jeder Unternehmensangehörige sich seines Anteils am Ganzen bewußt wird, tiefere Einsicht in Zusammenhänge erhält, mehr Verständnis für die Probleme des anderen gewinnt, sensitiver für Fehlerquellen wird, sich auf Vorbeugemaßnahmen konzentriert, seine Arbeit aus der Sicht der Abnehmer bewertet und insgesamt mehr Sinnverständnis für die eigene Arbeit und die Tagesprobleme erlangt.

Die Unternehmensangehörigen könnten sich dadurch stärker mit ihrer jeweiligen Aufgabe identifizieren, sie wären eher bereit, mehr Verantwortung zu übernehmen, eine positive Einstellung zu notwendigen Änderungen zu entwickeln und diese aktiv mitzugestalten.

Nun stehen wir vor der großen Frage: Wie erreichen wir Qualität, wie gestalten wir den Qualitäts-Prozeß? Dazu dienen die folgenden Gestaltungselemente:

    Qualitäts-Steuerungsteam
    Qualitäts-Leiter
    Qualitäts-Team
    Qualitäts-Fahrplan

Qualitäts-Steuerungsteam

Das Qualitäts-Steuerungsteam – auch Qualitäts-Komitee genannt – ist verantwortlich für die unternehmensweite Planung und Steuerung des Qualitäts-Prozesses. Es besteht aus etwa sieben Mitgliedern, die zu den einflußreichsten Führungskräften der ersten und zweiten Ebene gehören. Zusätzlich sollte ein Delegierter des Betriebsrates Mitglied sein. Der Leiter Qualität übernimmt die Moderation. Das Qualitäts-Steuerungsteam sollte nie der Versuchung erliegen, selbst Qualitäts-Probleme zu lösen, es sei denn, sie bestehen in den immer wieder auftretenden Krisen oder der Gestaltung des Qualitäts-Prozesses. – Welches sind die Hauptaufgaben?

> Das Aufstellen und Steuern des unternehmensweiten Q-Fahrplanes,
> das Ingangsetzen eines Themenfindungsprozesses,
> die Auswahl der Teilnehmer, des Moderators und die genaue Formulierung des Themas für jedes Qualitäts-Team,
> die Entscheidung über die vorgeschlagenen Maßnahmen und
> die Überprüfung des Erfolges nach etwa sechs Monaten.

Das Qualitäts-Steuerungsteam tagt mindestens einmal monatlich. Darüberhinaus trifft es sich jährlich zu einer Bilanz für das vergangene und zu einer Perspektive für das zukünftige Jahr.

Wenn die Qualitäts-Teamarbeit akzeptiert ist und sich stärker ausweitet, muß das Qualitäts-Steuerungsteam durch temporäre Qualitäts-Führungsteams entlastet werden. Diese steuern dann die Arbeit ihrer Qualitäts-Teams. Das Qualitäts-Führungsteam wird die Bereichsleitung sein, die dafür außerordentlich tagt, wenn die Teilnehmer eines Qualitäts-Teams ausschließlich aus dem Bereich kommen. Bei bereichsübergreifenden Themen muß das Qualitäts-Führungsteam bereichsübergreifend zusammengesetzt sein. Wichtig ist aber, daß es über die Vorschläge der Qualitäts-Teams abschließend entscheidet, sowie den Umsetzungsprozeß einleitet und überprüft.

Qualitäts-Leiter

Der Qualitäts-Leiter ist eine erfahrene und im Unternehmen allgemein hochgeschätzte, anerkannte Führungspersönlichkeit und dem Unternehmensführer direkt zugeordnet.

    Er moderiert das Qualitäts-Steuerungsteam,
sorgt für das Umsetzen der Entscheidungen im Unternehmen,
erstellt einen Monatsbericht und trägt ihn der Unternehmensleitung vor,
informiert sich über Qualitäts-Aktivitäten anderer Unternehmen,
sorgt für regelmäßigen Erfahrungsaustausch der Qualitäts-Team-Moderatoren,
wirkt bei der Führungskräfteschulung mit,
hat unternehmensweit Informationsrecht,
sorgt für Anerkennungen im Rahmen des Qualitäts-Prozesses.

Wenngleich Qualitäts-Management Sache aller Führenden ist, wird es zu einem späteren Zeitpunkt sinnvoll, bereichsweise Qualitäts-Koordinatoren einzusetzen. Sie koordinieren und unterstützen die Qualitäts-Aktivitäten im Bereich und sind dem Bereichsleiter direkt zugeordnet. So wird eine Parallelorganisation vermieden, der Bereichsleiter bleibt verantwortlich für den Qualitäts-Prozeß in seinem Bereich. In der Ausbildung und Betreuung der Qualitäts-Koordinatoren kommt dann auf den Leiter Qualität eine neue Aufgabe zu.

Qualitäts-Team

Qualitäts-Management wird konkret im Durchführen von Qualitäts-Projekten. Dabei haben sich zwei Arbeitsformen besonders bewährt: Qualitäts-Teamarbeit, Qualitäts-Vorhaben.

Im Gegensatz zur Qualitäts-Zirkel-Idee werden Qualitäts-Teams top down gestartet. Die Identifikation der Führungskräfte und eine bewußte Veränderung der Unternehmenskultur als Voraussetzung für den Erfolg im Qualitäts-Prozeß werden auf diese Weise eher erreicht. Erst im Reifestadium können sich selbststeuernde Qualitäts-Zirkel erfolgreich behaupten. Es werden so die Fehler, die beim sofortigen Basisansatz immer wieder zu Frustrationen führen, vermieden.

Jedes Qualitäts-Team wird vom Qualitäts-Steuerungsteam oder von einem temporären Qualitäts-Führungsteam eingesetzt. Es besteht aus etwa acht Teilnehmern, die vom Thema in der Praxis direkt betroffen sind und davon abhängig aus verschiedenen organisatorischen Einheiten verschiedener Ebenen kommen. Ein Qualitäts-Team trifft sich einmal pro Woche während der Arbeitszeit für etwa drei Stunden, höchstens jedoch achtmal. Ein erfahrener Moderator sorgt für eine methodologische und gruppendynamische Dramaturgie.

Problemlösungstechniken, wie »Saulus«, »Paretoanalyse«, »Ishikawa-Diagramm«, sowie Kreativitätstechniken sind in der Literatur zur Genüge beschrieben.

In der Qualitäts-Teamarbeit geht es nicht darum, die besten aller Vorschläge irgendwann zu finden, sondern den bestmöglichen nach höchstens acht Sitzungen. Dies wird möglich, wenn der Moderator dafür sorgt, daß die Vorschläge sich am wirkungsvollsten Punkt orientieren.

Zwischen den Sitzungen können einzelne Mitglieder oder Kleinstgruppen zusätzliche Informationen beschaffen oder Teilaufgaben lösen. Zur Dramaturgie gehört auch das Anhören von Experten.

Auf diese Weise entstehen Maßnahmenvorschläge, die dem Qualitäts-Steuerungsteam bzw. dem jeweiligen Qualitäts-Führungsteam vorgetragen und von diesem im Beisein des Qualitäts-Teams oder dessen Delegierte entschieden werden. Es wird die Zeit kommen, in der die Realisierung der Vorschläge von Qualitäts-Teams als größte Belohnung empfunden wird. Bis dahin lohnt es sich, auch über eine zusätzliche Honorierung nachzudenken und diese mit dem betrieblichen Vorschlagswesen zu harmonisieren.

Fast wichtiger als die gefundenen Vorschläge ist der Weg dorthin: die Arbeit im Qualitäts-Team. Dadurch wird das Qualitäts-Denken weiterentwickelt und führt zu einem neuen Qualitäts-Bewußtsein, das seinerseits Voraussetzung für Spitzenleistungen in der Zukunft ist.

Qualitäts-Bewußtsein muß entwickelt sein, wenn sogenannte Qualitäts-Vorhaben gestartet werden: Organisatorische Einheiten – Arbeitsgruppen, Abteilungen – lösen eigenverantwortlich Qualitäts-Probleme. Als Qualitäts-Problem verstehen wir Abweichungen von vereinbarten Kundenanforderungen. Das Lösen von Qualitätsproblemen geschieht im Beantworten der Fragen:

> Was ist das Problem?
> Wer ist für die Problemlösung
> verantwortlich?
> Welche Qualitäts-Kriterien sind relevant?

Welches sind die Ursachen für die
   Abweichungen?
Welches sind die Qualitäts-Kosten?
   (Kosten für das Nichterfüllen
   vereinbarter Kundenanforderungen:
   Kosten für das Messen der Ab-
   weichungen, Kosten für Korrektur-
   maßnahmen und Kosten für
   Abweichungsvorbeugemaßnahmen.)
Welche Ziele für das Reduzieren der
   Qualitäts-Kosten sollen zu welchen
   Zeitpunkten erreicht werden?
Welche Maßnahmen führen dahin?
Wie soll die Zielerreichung gemessen
   werden?
Was wurde erreicht?

Im Laufe der Jahre wird das Arbeiten in Qualitäts-Teams und das selbständige Lösen von Qualitäts-Problemen die Tagesarbeit sinnorientiert beflügeln.

Qualitäts-Fahrplan

Bei der Gestaltung des Qualitätsprozesses muß jedes Unternehmen seinen eigenen Weg gehen. Die folgenden Schritte sollen dazu eine Hilfe sein.

ERSTENS findet eine Informationssitzung zum Thema Qualitäts-Prozeß für den gesamten Vorstand bzw. die Geschäftsführung statt. Vortragen soll der Qualitäts-Leiter eines im Qualitäts-Prozeß weit fortgeschrittenen Unternehmens oder ein erfahrener Unternehmensberater. Ziel dieser Informationssitzung soll der Beschluß sein, eine zweitägige Qualitäts-Klausur mit dem gleichen Teilnehmerkreis durchzuführen.

ZWEITENS wird also eine Qualitäts-Klausur der Unternehmensführung durchgeführt. In dieser Klausur sollen folgende Fragen beantwortet werden:

> Welche Qualitäts-Strategie wählen wir?
> Wer soll Leiter Qualität werden?
> Wer soll Mitglied des Qualitäts-
> Steuerungsteams sein?
> Wie finden wir die Themen für die ersten
> drei Qualitäts-Teams?
> Welches sind unsere ersten Qualitäts-
> Teammoderatoren?
> Wie soll ein grober Stufenplan für das
> Ingangsetzen des Qualitäts-Prozesses
> aussehen?
> Welches ist unser Startbereich für
> den Qualitäts-Prozeß?

DRITTENS muß jetzt der Betriebsrat umfassend informiert werden.

VIERTENS werden acht bis zwölf Qualitäts-Teammoderatoren ausgebildet.

FÜNFTENS moderieren drei externe Moderatoren zusammen mit drei von den gerade ausgebildeten eigenen Moderatoren die ersten drei Qualitäts-Teams.

SECHSTENS ist eine Zwischenbilanz vom Qualitäts-Steuerungsteam zu erarbeiten, diese mit den oberen Führungskräften zu besprechen und das weitere Vorgehen zu beschließen.

SIEBTENS kann jetzt die interne Qualitäts-Öffentlichkeitsarbeit beginnen. Sie sollte schrittweise vom Allgemeinen bis zur Kommunikation konkreter Ergebnisse und persönlicher Stellungnahmen zum Qualitäts-Prozeß führen.

ACHTENS beginnt ein auf Dauer angelegtes Qualitäts-Training aller Führungskräfte.

NEUNTENS starten Qualitäts-Führungsteams die Arbeit ihrer Qualitäts-Teams auf breiter Ebene mit unternehmenseigenen Moderatoren.

ZEHNTENS ist es klimatisch jetzt so weit, mit Qualitäts-Vorhaben in Arbeitsgruppen und Abteilungen zu beginnen.

Diese zehn Schritte lassen genügend individuellen Spielraum, bieten aber eine gute Orientierung für die Gestaltung eines auf Dauer angelegten unternehmensweiten Qualitäts-Prozesses.

Nachwort

Die Führungsliteratur wächst wie das Weltwissen.

Die Anforderungen an ein neues Buch werden immer höher: es soll anspruchsvoll sein, doch nicht so weise; es soll wissenschaftlich bestehen können; für die Praxis geeignet sein; konkret genug, fast handlungsorientiert; abstrakt genug, das eigene Nachdenken stimulierend; bildhaft zu realistischen Visionen anregen; das neue Buch soll persönliche Erfahrungen glaubwürdig vermitteln, weniger über lange Fallstudien, eher mit überzeugenden Erkenntnissen, gewonnen in der Auseinandersetzung mit anderen; schließlich soll es spannend geschrieben sein, modular im Aufbau und mit großem Atem. – Wer soll das erfüllen?

Ich wollte das Neue Denken aus seiner esoterischen Verbannung befreien und gleichzeitig den Königsweg für die Gestaltung der Arbeitswelt von morgen finden. Dazu wurde ich durch das soziale Gesicht der Informationstechnik inspiriert, mit der großen Chance, durch Führungsqualität die menschlichen Antriebskräfte sinnhaft zu entfalten. Diese Motivation werden wir künftig brauchen, um uns in der von Habermas so klar formulierten »neuen Unübersichtlichkeit« orientieren zu können.

G. W.

Anhang

MITARBEITERGESPRÄCH

zwischen

....

und

....

vertraulich

MITARBEITERGESPRÄCH

Inwieweit wurden die Arbeitsziele für die vergangenen zwölf Monate erreicht?

vertraulich

MITARBEITERGESPRÄCH

Inwieweit wurden die vereinbarten Weiterbildungsmaßnahmen durchgeführt?

vertraulich

MITARBEITERGESPRÄCH

Inwieweit wurden die vereinbarten persönlichen Entwicklungsziele erreicht?

vertraulich

MITARBEITERGESPRÄCH

Welche Schwierigkeiten haben Sie bei Ihrer
Arbeit belastet?

vertraulich

MITARBEITERGESPRÄCH

Was wollen wir beide daraus lernen?

vertraulich

MITARBEITERGESPRÄCH

Wie gefällt Ihnen Ihre Arbeit?

vertraulich

MITARBEITERGESPRÄCH

Was wollen wir in unserer Zusammenarbeit verbessern?

vertraulich

MITARBEITERGESPRÄCH

Welche Führungsfehler sind Ihnen bei mir aufgefallen?

vertraulich

MITARBEITERGESPRÄCH

In welcher Weise sind Sie ungerecht behandelt worden?

MITARBEITERGESPRÄCH

In welchen Punkten wünschen Sie mehr Selbständigkeit, in welchen mehr Unterstützung?

vertraulich

MITARBEITERGESPRÄCH

Was wollen Sie in Zukunft besser machen?

vertraulich

MITARBEITERGESPRÄCH

Welche Arbeitsziele vereinbaren wir für die nächsten zwölf Monate?

MITARBEITERGESPRÄCH

Welche Weiterbildungsmaßnahmen vereinbaren wir für die nächsten zwölf Monate?

vertraulich

MITARBEITERGESPRÄCH

Welche persönlichen Entwicklungsziele und Entwicklungsmaßnahmen vereinbaren wir für die nächsten zwölf Monate?

vertraulich

MITARBEITERGESPRÄCH

Welche Aufgaben- und Vergütungsperspektiven sind für die nächsten drei Jahre möglich?

vertraulich

MITARBEITERGESPRÄCH

Wie fühlen Sie sich insgesamt in unserem Unternehmen?

vertraulich

MITARBEITERGESPRÄCH

Wer soll was aus diesem persönlichen
Gespräch erfahren?

vertraulich

MITARBEITERGESPRÄCH

Dieses Mitarbeitergespräch wurde geführt am:

....
Datum

....
Unterschrift

....
Unterschrift

vertraulich

Führungsliteratur

Die in diesem Buch verwendeten Zitate findet der Leser in der folgenden Literatur:

GERD AMMELBURG, »Die Unternehmenszukunft«, 1985. Rudolf Haufe Verlag

ROMAN ANTONOFF, »Die Identität des Unternehmens« 1987. Frankfurter Zeitung – Blick durch die Wirtschaft

ROBERT AUGROS / GEORGE STANCIU, »Die Neue Biologie«, Evolution und Revolution in der Wissenschaft vom Leben, 1988. Scherz Verlag

THOMAS W. BECHTLER, »Management und Intuition«, 1986. verlag moderne industrie

WARREN BENNIS / BURT NANUS, »Führungskräfte«, 1985. Campus Verlag

WALTER BÖCKMANN, »Wer Leistung fordert, muß Sinn bieten«, 1984. Econ Verlag

WALTER BÖCKMANN, »Das Sinn-System«, 1981. Econ Verlag

STEVEN C. BRANDT, »Entrepreneuring in established companies", 1986. Dow Jones-Irwin, Homewood, Illinois 60430

ARNOLD BROWN / EDITH WEINER, »Manager in einer veränderten Welt«, 1986. Mc Graw-Hill Book Company GmbH

FRITJOF CAPRA, »Wendezeit«, Baustein für ein neues Weltbild, 1982. Scherz Verlag

JEAN E. CHARON, »Der Geist der Materie«, 1979. Paul Zsolnay Verlag

PHILIP B. CROSBY »Qualität ist machbar«, 1986. Mc Graw-Hill Book Company GmbH

PHILIP B. CROSBY, »Qualität bringt Gewinn«, 1986. McGraw-Hill Book Company GmbH

Ernest Dichter, »Überzeugen, nicht verführen«,
1971. Econ Verlag
Peter Drucker, »Die neue Praxis des Managements«,
1974. Econ Verlag
Feinberg / Tanofsky / Tarrant, »Chefs müssen
wieder führen«, 1981. verlag moderne industrie
J. Franke, »Psychologie als Hilfsmittel einer personen-
orientierten Unternehmungsführung«,
1976. Verlag Neue Wirtschafts-Briefe GmbH
Christian Freilinger, »Wer kann führen?«,
1979. verlag moderne industrie
Gerd Gerken, »Der neue Manager«,
1986. Rudolf Haufe Verlag
Johann Wolfgang von Goethe, »Wilhelm Meisters
Lehrjahre«, Hamburger Ausgabe Band 7,
1981. C. H. Beck'sche Verlagsbuchhandlung
Johann Wolfgang von Goethe, »Maximen und
Reflexionen«, Hamburger Ausgabe Band 12,
1981. C. H. Beck'sche Verlagsbuchhandlung
Michail Gorbatschow, »Perestroika«,
1987. Verlag Droemer Knaur
John M. Groocock, »Qualitätsverbesserung«,
1988. Mc Graw-Hill Book Company GmbH
Harald Grosser, »Mutmaßungen über Manager«,
1987. Poeschel Verlag
Hermann Haken, »Erfolgsgeheimnisse der Natur«,
1981. Deutsche Verlags-Anstalt GmbH
H. J. Harrington, »The improvement process«,
1987. Mc Graw-Hill Book Company GmbH
Craig R. Hickmann / Michael A. Silva, »Der Weg
zu Spitzenleistungen«, 1986. Goldmann Verlag
Harry Holzheu, »Souverän verhandeln«,
1986. Mc Graw-Hill Book Company GmbH

John W. Hunt, »Managing people at work«,
 1986. Mc Graw-Hill Book Company GmbH
Erich Jantsch, »Die Selbstorganisation
 des Universums«, 1979. Carl Hauser Verlag
Michael J. Kami, »Trigger Points«,
 1988. Mc Graw-Hill Book Company GmbH
Christoph Lautenberg, »Vor dem Ende
 der Hierarchie«, 1978. Econ Verlag
Rupert Lay, »Ethik für Wirtschaft und Politik«,
 1983. Wirtschaftsverlag Langen-Müller / Herbig
Niklas Luhmann, »Vertrauen«,
 1973. Ferdinand Enke Verlag
James Martin, »Manifest für die Informations-
 Technologie von morgen«, 1985. Econ Verlag
Douglas Mc Gregor, »Der Mensch im Unter-
 nehmen", 1986. Mc Graw-Hill Book
 Company GmbH
D. Quinn Mills, »Die neuen Chefs«,
 1985. Frankfurter Allgemeine,
 Zeitung für Deutschland-GABLER
Reinhard Mohn, »Erfolg durch Partnerschaft«,
 1986. Siedler Verlag
John Naisbitt, »Megatrends«, 10 Perspektiven, die
 unser Leben verändern werden, 1984. Hestia Verlag
Thomas J. Peters, »Kreatives Chaos«,
 1988. Verlag Hofmann und Campe
Thomas J. Peters / Nancy Austin, »Leistung aus
 Leidenschaft«, 1986. Hofmann und Campe
Thomas J. Peters / Robert H. Waterman jun.,
 »Auf der Suche nach Spitzenleistungen«,
 1982. verlag moderne industrie

Robert M. Pirsig, »Zen und die Kunst ein
Motorrad zu warten«, Ein Versuch über Werte,
1976. S. Fischer Verlag GmbH, Frankfurt (Main)

Fritz J. Raddatz, »ZEIT-Bibliothek der 100 Bücher«,
1980. Suhrkamp Verlag

Lutz von Rosenstiel, »Grundlagen der Organisations-
psychologie«, 1980. Poeschel Verlag

Antoine de Saint-Exupery »Romane, Dokumente«,
1986. Karl Rauch Verlag

Mathias Scheben, »Die erfolgreichsten Methoden
zur Konfliktvermeidung und Konfliktbewältigung
im Unternehmen«, 1979. WEKA-Verlag

Friedemann Schulz von Thun, »Miteinander reden:
Störungen und Klärungen«, 1985. Rowohlt Verlag

Frederick E. Schuster, »Menschenführung –
ein Gewinn«, 1987. Mc Graw-Hill Book
Company GmbH

Lothar Späth, »Wende in die Zukunft«,
1985. Spiegel-Buch Rowohlt

Anton Stangl, »Das Buch der Verhandlungskunst«,
1966. Econ Verlag

Anton Stangl, »Der erfolgreiche Vorgesetzte«,
1969. Econ Verlag

Anton Stangl, »Führen muß man können«,
1979. Econ Verlag

P. Basilius Steidle OSB, »Die Benediktusregel«,
1980. Benroner Kunstverlag

Alvin Toffler, »Die Dritte Welle – Zukunftschance«,
1980. Wilhelm Goldmann Verlag

Frederic Vester, »Neuland des Denkens«,
1980. Deutsche Verlags-Anstalt

Frederic Vester, »Unsere Welt – ein vernetztes
System«, 1978. Verlag Ernst Klett, Stuttgart

CARL FRIEDRICH von WEIZSÄCKER, »Der Garten des Menschlichen«, 1977. Carl Hanser Verlag
ROLF WUNDERER, »Führungsgrundsätze in Wirtschaft und öffentlicher Verwaltung«, 1983. Poeschel Verlag
ADOLF WIRZ, »Der Humanist ist der bessere Manager«, 1984. Verlag des Schweizerischen Kaufmännischen Verbandes
KLAUS J. ZINK / G. SCHICH, »Quality Circles« (Problemlösungsgruppen), 1984. Carl Hanser Verlag
KLAUS J. ZINK, »Quality Circles« (Fallbeispiele, Erfahrungen, Perspektiven), 1986. Carl Hanser Verlag
PETER ZÜRN, »Vom Geist und Stil des Hauses«, 1985. verlag moderne industrie